THE SOURCE
OPEN YOUR MIND, CHANGE YOUR LIFE

釋放全腦潛能
的吸引力練習

DR TARA SWART, MD PhD
塔拉・史瓦特 ——著

郭騰傑 譯

目次

作者序　回歸你的潛能之源　　　　　　　　　　6

前　言　掌控命運的祕密　　　　　　　　　　15

PART 1　科學與靈性

1　科學驗證的吸引力法則　　　　　　　　　32

2　具體想像你的願景　視覺化的力量　　　　73

PART 2　可塑造的大腦神經通路

3　神奇的大腦　潛能之源的起源　　　　　　88

4　可塑的心智　如何重塑你的神經通路　　　116

PART 3　靈活的大腦

5　大腦的敏捷性　靈活地在不同的思維方式之間切換　　138

6　情緒　掌控你的感受　　　　　　　　　　152

7　身體　照顧你自己　　　　　　　　　　　168

8	直覺	相信你的內在聲音	182
9	動力	保持韌性以實現目標	190
10	邏輯	制定正確的決策	204
11	創造力	打造理想的未來	214

PART 4 點燃潛能之源：心想事成四步驟

12	步驟1 提升自我覺察	225
13	步驟2 設計強大的行動板	239
14	步驟3 專注的注意力	251
15	步驟4 刻意練習	271

結　語	維持潛能之源的運作	283
謝　辭		285
作者的話		287
注　釋		288

有些人似乎能輕鬆吸引成功、權力、財富與成就，幾乎不費吹灰之力；另一些人則需歷經千辛萬苦才能克服挑戰；還有一些人完全無法實現自己的抱負、渴望與理想。為什麼會這樣？原因並不是來自身體的差異……因此，一定是心智，心智是創造力的源頭，也是造就人與人之間唯一的區別。正是心智才能克服環境與所有其他障礙……

　　　　　——查爾斯・哈尼爾，《萬能金鑰》（1919）

作者序

回歸你的潛能之源

> 就算歲月的威脅籠罩，我終究無所畏懼……我是我命運的主人，我是我靈魂的統帥。
>
> ——威廉·亨利，《打不倒的勇者》（*Invictus*）

我們每天都與改變人生的機會擦身而過，例如與未來伴侶偶然相遇的機會，或是因一句可能開啟新職涯的話語。在忙碌的生活中，我們很容易忽視這些轉瞬即逝的時刻，讓機會從眼前溜走。

但是，只要藉由正確的協助，我們可以學會如何察覺並把握這些機會，甚至能夠將剎那之間的靈光乍現轉化為長遠的改變。這是因為我們最渴望的人生目標，包括健康、幸福、財富與愛，都取決於我們思考、感受與行動的能力，換句話說，取決於我們的大腦。

這一直是新時代思維的承諾：我們能夠透過重塑心智來掌控自己的命運。儘管這類觀念曾遭受質疑，但像《祕密》

（*The Secret*）這樣的思維系統及其先驅仍影響了數百萬人，世代相傳。為什麼？因為，若去除神祕色彩，其中的一些基本概念確實具有強大的力量。更重要的是，如今最新的神經科學與行為心理學研究也支持著這些理念。

我是專攻精神醫學的醫生，現在從神經科學家轉型為商業教練，專門教授如何提升心理表現。我所有的研究與實踐經驗都讓我堅信一件事：我們能夠主動改變自身心智的運作方式。科學與循證心理學證明，我們確實擁有能力塑造自己想要的生活。

這是非常私人的經歷：我曾經歷過一段自我探索的旅程，逐漸理解到，實現夢想生活的關鍵就在我的大腦，我稱之為「潛能之源」（The Source）。在本書中，我將分享我對自己和客戶有效的思維方式與技巧，以及最新的心理學研究和神經科學，將其濃縮成嚴謹且經過驗證的方法，幫助你解鎖自己的心智。如果你願意接受改變，並遵循這些簡單的步驟，你將能夠掌握更多改變人生的機會，並且發揮你的最大潛能。

身為第一代印度移民的長女，我在 1970～1980 年代的英國倫敦西北部成長，生活在一個充滿各種文化信仰、飲食習慣和語言交織的環境中。我很快學會適應周遭的不同觀念，

但內心深處卻感到矛盾不安。在家裡，瑜伽與冥想是每日生活的一部分，我們嚴格遵循阿育吠陀的素食飲食（其中薑黃被奉為萬靈藥），在用餐前必須先將食物供奉給神。父母試圖向我解釋這些習俗的益處，但聽起來遙不可及，而我只想融入朋友們的世界。我渴望一種簡單的生活，希望家裡的習俗和外界不會產生衝突或矛盾。

在學校裡，我和弟弟從不提及轉世輪迴的觀念，但在家裡，我們必須焚香且以食物供奉祖先，並且篤信他們存在於另一個世界，能夠影響我們的生活。令我驚訝的是，我的大家庭毫不猶豫地接受一個觀點：我是已故祖母的轉世。據說她在印度鄉村成長，因未能接受正式教育而感到遺憾，因此家族對我寄予厚望，希望我成為一名醫生，這是我們的文化中最受尊敬的職業，甚至擁有神性，因為它與生死息息相關。我順從地按照這條為我鋪設的道路完成學業，進入大學，從未對此提出質疑。

上大學的最初幾年，我對精神醫學和神經科學產生興趣，因為我希望了解自己：我是誰，如果能夠自由選擇，我真正的目標是什麼。二十多歲時，我遠離了自己的文化傳統，希望藉此擺脫童年時期那些沉重的期望。我搬出家裡，和大學朋友們一起生活，對時尚產生興趣，透過穿著來表達

自我，開始遊歷歐洲，接著前往南非，並且談了戀愛。我與未來的丈夫在我們都從事精神醫學領域時期相遇，後來搬到澳洲，接著又在百慕達生活，這一切都擴展了我的世界觀，讓我更深入了解人與文化。然而，真正的關鍵時刻出現在我三十多歲中期，當時我在個人和職業方面同時產生了重大的危機。

擔任精神科醫師讓我愈來愈不快樂，長時間且繁重的工作量，以及無法真正改變患者命運的無力感令我筋疲力竭。我目睹了太多的人類苦難，看到心理脆弱的人如何遭到生活摧殘與折磨。我深深關心我的病人，但內心始終有個聲音告訴我，他們應該得到的不只有傳統的藥物和住院治療，還包括更健康的生活方式與整體的幸福感，可以在康復過程中產生長期的正面影響。對我來說，只關注疾病本身是件消極的事，而治療的最佳結果僅僅是回歸正常狀態，這樣的目標讓我感到不滿足。

我知道，在這個世界上，所謂的「良好結果」應該可以更進一步，若能致力於促進健康，而不只是治療病症，或許我能為這個世界帶來更大的貢獻。最終，我決定離開精神科醫師的工作，進行一些改變。與此同時，我的婚姻也發生問題，對我的自我認同與自信心造成毀滅性的打擊。我感覺自

己正在溺水，沒有任何可以抓住的浮木，也看不到盡頭。我必須學會掌握心理韌性，不僅為了別人，也為了自己。

　　我在自我認同中掙扎，不知道未來該如何發展，也希望理解導致婚姻破裂的根本原因。我必須重新認識自己，找出如果沒有婚姻關係的情況下，自己到底是誰，因為這段婚姻曾是我成年初期生活的基石。我經歷了一種無法以言語形容的低潮，只有以本能的哭喊才能表達那樣的絕望與失落。然而，跌入谷底後，我反而得到一種前所未有的清晰感，從那一刻起，我發現自己擁有一種過去未曾察覺的堅定決心，我意識到，這是一條必須獨自前行的旅程，唯有這樣，我才能真正發揮自己的潛能。

　　在此之前，當我還處於一個相對穩定的階段時，我曾接觸過「正向思考」（positive thinking）與「視覺化」（visualisation）的概念。當時我還是三十歲左右的醫生，正在進行環遊世界之旅，婚姻幸福，生活輕鬆愉快。我閱讀了許多個人成長的書籍，因為我對佛教和榮格心理學深感興趣。當時我的醫界同行大多對這類自助書嗤之以鼻，認為它們過於另類，但我相信，各種理念都有其適當的使用時機和場合。

　　我讀到一本譽為「正向思考聖經」的書《萬能金鑰》（*The Master Key System*），作者為查爾斯・哈尼爾（Charles F.

Haanel），1916年時首次出版。這本書將吸引力法則、視覺化，以及冥想的力量結合在一起。當時我並未按照書中的步驟練習，但它的內容引起我的共鳴，我告訴自己：「如果有一天我需要這些方法，我會再回來研究。」後來，我將它拋諸腦後，多年來未曾想起。直到我的人生崩塌：婚姻結束、職涯轉變、獨自生活、創業起步之時，我才又想起這本書，再次深受吸引。

書中的練習所蘊含的強大力量令我深感震驚。每一週都讓我對那些曾令我的生活失控的思維模式有更深的洞察，並且了解到，掌握自己的情緒，使情緒為我所控制，而不是任由它們壓倒我，就是一切問題的答案。這是一種選擇！特別是視覺化練習的成果，相較於過度分析每種情況，具體想像願景更能帶來強而有力的啟示。

我從一種溺水的感覺，藉由一些方法和思考，逐漸從無助的狀態中解脫出來，開始想像救生艇的形象：我擁有一艘小小的救生艇，無論需要多長時間，我都可以待在上面。前方是座小島，我想像一個畫面：我站在金色沙灘上，水從我身上流過，陽光令我感到溫暖，我可以擁有安全且強大的未來。此外，我開始養成每年為自己打造行動板（action boards）的習慣。正如你在本書會學到的，行動板可以用來組合拼貼

未來的目標和願望,並維持動力去實現它們。我的行動板從小小的成功勝利開始,最終成為比我預期更強大的力量。我至今還保留著多年前的行動板,令人驚訝的是,當中的許多內容,甚至是細節,都已實現。

我覺得我可以重新掌控自己的生活,也感受到我對他人,甚至整個世界的影響力,同時追隨我的熱情,並且將知識傳授他人。我一直相信豐盛和慷慨的重要性,這對我來說是強大的內在價值,我不再只關心自己的生存和需求,而是希望將所學的知識與周圍的人分享,對朋友、家人,以及病人產生積極的影響。我看到自己經歷了徹底的改變,最關鍵的是,我在追求內在成長的同時,也在用科學來解釋和理解自身的變化。我能夠讓自己的大腦以不同的方式運作(這與本書提到的神經可塑性有關),來支持新的生活方式。

當我努力尋求自我改變,將重點轉向大腦運作最佳化(brain optimisation)科學時,我完全理解了如何利用大腦的力量來引導我們想要的生活。我不斷建立且精煉我的詮釋與教學,並且愈來愈堅定地決定將一生投入到探索和解開大腦的奧祕上。

我成年之後,神經科學的發展快速,主要歸功於掃描技術的出現。現代神經科學證實了我過往無法充分解釋的想

法,同時也解釋了與我背景相關的古老智慧,它們過去無法與現代西方生活的理念相結合。大腦掃描技術徹底改變了我們對大腦影響的看法,讓人們更重視心理健康與心理力量,同時揭開大腦可塑性的潛力,每個人都有能力改變自己的大腦,進而改善自身的心理健康。

透過與自身成長與情感蛻變的深刻呼應,我得以將「我是誰」與「我所做的事」緊密連結,並且相信自己也能幫助其他人達成這一點。此時我突然意識到,自己在這個星球上存在的原因。若要實現這一點,我必須發揮所長,尋找生活的積極面,而不是專注於缺點或問題,這樣我的影響就能擴及到我所接觸的每一個人。

我對神經科學的理解,以及我對神祕哲學的探索,開始感覺不再像是兩種分裂的思維,而像是兩個核心元素互相吸引,創造出一種新的能量。透過與我的朋友、家人、病人和輔導客戶的經歷和互動,我的教學和理念一再得到了驗證。我終於可以從事我真正想做的工作,並且產生正面的影響。我身邊皆是支持我且認同我的目標之人。我每年都不間斷設計行動板。我維持寫日記,記錄我對每件事情的想法和情緒反應,慢慢引導自己走向信任和感恩,而不是責備或回避真實的責任。我完全的自立,可以依靠自己內在的資源來應

對困難情境，並且在過去可能無法處理的情況中依然保持冷靜。經過長時間的累積，我融合東方哲學和認知科學，創造出一套新的生活準則。隨著時間的推移，這些改變擴展了我的工作範疇和規模，引領我找到前所未有的個人滿足感和安全感。

這就是我在這本書中提供的內容，一種現代、有科學依據，可在現實世界應用的方式：我將學習與經歷結合科學知識，透過重新訓練大腦，引導我們的行為和情感，實現我們最深層的夢想。理解且掌控自己的大腦是改變的關鍵，這就是潛能之源的力量。我經歷了九年的大學學習，七年的精神科醫療實踐，超過十年的企業教練資歷，才走到今天這一步。在這本書中，我將與你分享如何透過理解大腦和心理的運作，實現人生的轉變。

塔拉・史瓦特博士，寫於倫敦

前言

掌控命運的祕密

> 無論你認為自己做得到，或者做不到，你都是對的。
> ——亨利・福特（Henry Ford）

許久許久之前，人類與其他靈長類動物，以及比我們更強壯、更敏捷的動物一起生活在地球上。我們並不比這個星球上的其他生物更特別或更非凡，當時的顱骨比現在更小，主要由邊緣系統（limbic brain，也稱緣腦）構成，屬於較為原始、情緒化、直覺的部分，外圍僅包覆著一層薄薄的大腦皮質（cortex）。然後……我們發現了火。[1]

我們不確定究竟是大腦皮質自然發展，使我們具備了使用工具與生火的能力，或只是我們偶然點燃了第一道火光，最終改變了世界。無論如何，人類開始利用火來取暖，還以火烹煮肉類，使蛋白質更容易消化。由於消化道縮短，消化系統變得更高效，人體能量重新分配，大腦得以獲得更多資源，促進了大腦皮質的發展，最終在結構上與邊緣系統一樣

厚實複雜，擁有更多神經元與連結。這種大腦皮質的快速發展，是人類認知進化史上最關鍵的時刻，讓我們得以成為地球上最成功的物種。

隨著理性思維的發展，人類擁有了清晰的語言表達能力，並且能夠預測與規劃未來。當我們變得更加理性，能夠進行更高效的溝通、在更大的群體中生存時，也帶來了另一種影響：我們談論得更多，感受得更少。我們逐漸從情感轉向邏輯與事實，競爭成為生存的手段。我們逐漸失去曾經幫助我們走到這一步的豐盛（abundance）思維，也不再認為這個世界上的資源足夠所有人共享，而是資源有限，必須競爭才能獲得更多。

人類不再順應自然或接受不可控的變數，開始試圖掌控命運，掌握一切，並渴望擁有比他人更多的資源。我們不再單純地坐在營火旁說故事、仰望星空、赤足漫步於大自然之中，而是開始發展農業，並且建立工業社會，而這些權力與地位逐漸凌駕於人際關係與和平共存之上。我們不再單純地「存在於當下」（Being），而是不斷地「行動」（Doing），活在無法關閉的自動駕駛模式之中。

數千年後的現在，我們活在一個過度推崇邏輯的世界，情感被視為弱點，依據直覺的決策幾乎沒有立足之地。我們

忘記了自己從何而來。長久以來，我們忽視了那個曾經幫助人類達成認知進化的邊緣系統，反而將大腦皮質奉為圭臬。我們貶低了深層的情感、熱情與本能，取而代之的是依賴表面技能，例如考試、死記硬背，或是追求以利益為核心的功利式人際關係。生活遭到壓力主宰，忙碌得無暇停下來思考：我是誰？我將去往何方？我真正想要的是什麼？

如今，人類正站在關鍵的轉折點上，科技將以前所未有的方式顛覆我們的心智與身體，帶來超乎想像的改變。我們正面臨巨大的變革。

有科學根據的信仰

那麼，在這場巨變的洪流中，我們的大腦正在經歷什麼？我成長的年代，腦部掃描技術尚未問世，如今我們透過先進的影像技術已經能夠看見「思想的樣貌」，並且觀察憤怒、悲傷與喜悅在大腦中呈現的方式。

透過掃描和其他研究方法，我們能夠證明父母的養育方式與人際關係如何影響兒童的大腦發育。在成人大腦方面，我們現在也知道，從運動、冥想到社交互動與壓力管理，所有因素都持續地塑造與改變大腦。這些發現讓我們能夠在全

新的科學背景下,重新理解那些古老的智慧。

到目前為止,有知名倡導者認為,人類可以透過改變思維方式來創造自己想要的生活,但他們的想法普遍受到科學家的批評,因為其主張思想本身具有「吸引力」(magnetic,能夠像磁鐵一樣將相應的事物吸引至我們的生活中),擁有一種向外擴散到宇宙,並且產生影響的振動頻率。這些關於「振動」和「共鳴」的主張並未建立在實證科學的基礎上,因此若要接受這些想法,需要一種盲目的信念:我們選擇相信,只要我們保持正向思考,就能吸引許多生活中想要的事物。

這可能會給人一種錯誤的印象,讓人以為這是倡導只須具備積極心態,彷彿就能坐在家中或荒島上,奇蹟般地改變世界。這當然是不可能的,而且對於抱持懷疑態度的人來說,「吸引力法則」(law of attraction)、「顯化」(manifesting)和「豐盛」的概念聽起來天馬行空,與現實脫節且缺乏科學依據。

不過,正如現代科學顯示的證據,許多古老的實踐(例如正念)以及阿育吠陀的許多傳統醫學原則,確實具有科學實證的益處。同樣的,我們對神經可塑性(neuroplasticity,大腦靈活改變和適應的能力)的理解也證明,透過引導我們的思維,不只影響我們對現實的感知,同時可以影響物質生活環境、人際關係,以及我們所吸引的情境或願意容忍的事情。

我們的思維方式決定了我們的生活。這是一個簡單但強大的觀念。

人類大腦在童年時期會積極地成長和變化。相比之下，成年後，我們必須有意識地引導自己成長和發展。大腦的敏捷性決定了我們對生活的體驗程度，當我們真正理解且應用這種可塑性時，將會對其潛力感到驚嘆，而這個概念也是本書所有理論和實踐的基礎。

與吸引力法則概念中經常帶有偽科學色彩相比，我身為神經科學家和醫學博士，擁有豐富的精神醫學臨床經驗，基於充分的專業知識來提出這些主張。我的方法建立在經過科學驗證的「大腦－身體連結」（brain–body connection）觀點上，這個概念認為大腦和身體是密不可分的，彼此之間會相互影響，主要透過神經內分泌系統（涵蓋所有腺體和荷爾蒙）以及自律神經系統（即除了大腦本身和脊髓以外的所有神經）來發揮作用。我們的成長與發展能力取決大腦的生理狀態（包含情感與理性部分），以及我們允許自己產生的思維品質。無論當前的大腦狀態與思維品質如何，大腦可塑性意味著我們擁有改變大腦神經通路（pathways，也譯作路徑或通道）的能力，從而能夠改變我們的人生，使未來更加美好。

有時我們必須質疑人類進化過程中形成的「硬性設定」

（hardwiring），例如僵化思考、本能與固定行為模式，並且重新訓練自己，以更靈活、更正向的方式思考。現在正是採取行動的時刻，這並非盲目信仰，而是建立在科學基礎上的信念。

大腦的自動駕駛模式

首先，讓我們來思考如何看待大腦。釋放大腦潛能的第一步，就是不再將它視為理所當然：大腦是我們最重要的資產，決定了我們的生活，包括自信心、人際關係、創造力、自尊心、人生目標、適應能力等。大腦內八百六十億個神經元（neurons，也譯作神經細胞）每一毫秒都在解讀且回應來自身體與環境的龐大感官回饋，並根據大腦對這些資訊的理解，進行處理和歸檔。這些神經元會持續發送訊號，形成連結，建立「神經通路」，將情緒、行動、記憶和其他相關訊息整合在一起。

這個過程主要發生在潛意識層面，而我們的行為大多依靠所謂的「回饋循環」（feedback loop），也就是我們的反應會根據外部刺激即時調整和重新修正。當大腦從外部環境接收訊息，會透過「模式辨認」（pattern recognition）來產生反應，

隨著年齡增長，這些模式會愈來愈根深柢固，導致我們變得僵化，難以改變。例如，每天按照同樣的通勤路線時，幾乎不會留意窗外的風景或自己走過的街道。同理，我們也會不自覺遵循那些已經習慣卻不理想的關係模式。生活多半就是在這種「自動駕駛模式」（Autopilot）下運行的，而我們幾乎不會質疑這些行為，因為它們已透過重複而成為大腦的預設路徑。時間愈長，就愈不可能質疑這些習慣，無論是最喜歡的顏色或伴侶選擇。

　　如果任憑這種自動駕駛模式擺布，意味著生活會按照既定模式運行，對大腦來說更加高效，因為它能夠節省能量。此外，大腦天生會避開變化，因為它將變化視為「威脅」，並啟動壓力反應，以阻止我們冒險。這種壓力反應會抑制大腦的高層次認知功能（higher thinking，也就是執行功能，包括情緒調節、克服偏見、解決複雜問題，以及靈活創造性思維），以確保我們的安全。大腦會選擇立即回報和最小阻力道路，不管這是否真的符合我們的最佳利益。在自動駕駛模式下，我們不會質疑這些長久累積的習慣從何而來，也不會思考它們是否仍然對我們有益。我們關閉了思考的開關，對生活的掌控感逐漸減弱，這樣的心態加深了「生活就只是這樣」的概念，相信自己無法改變現狀。但是神經科學證明，我們可以

透過改變大腦的神經通路,來重新掌控我們的心智,進而為自己帶來持久的正向改變。

什麼是潛能之源?

「潛能之源」(The Source)係指整個大腦這一令人難以置信、複雜且精密的結構所能呈現的真實力量,不只是來自大腦皮質以及規劃與根據數據制定決策的能力。大腦的真正力量在於能夠將思維與感受結合(大腦皮質和邊緣系統共同運作),以及融合直覺和全身感官體驗。當大腦的各個部分整合運作時,能讓我們擁有生活的主導權,並且在應對挑戰時充滿信心和全心投入。

生活不必總是充滿恐懼、妥協、猶豫不決或遺憾。每個人的大腦都有能力讓自己活得充實、勇敢,並且不被羞愧或悲傷束縛。我從結合自身文化背景、現代醫學和神經科學了解到,若我們可以發掘大腦的全部潛能,就有能力產生改變,活出與過去不同的樣貌。

潛能之源的重點在於發展一種對神經通路與其行動模式的覺察,這些模式決定了我們在潛意識中如何對觸發點(triggers)和事件做出反應,例如可能會暴怒或選擇封閉自

己、透過進食求得安慰，或者向他人尋求幫助。如果可以對自身反應與行為模式有更深的認識，就能調整自己應對生活挑戰的方式。這種對自身和他人的心理狀態的覺察力，影響我們最複雜且至關重要的社交互動：理解他人的思維能力，也稱為「心智理論」（theory of mind），我們依賴這項能力來解讀、理解，並且預測周遭人們的行為。

能夠準確理解他人行動背後的動機，對於人際互動相當關鍵。某些情況下，有些人的這種能力可能較為受限，例如自閉症譜系中的個體。我們可以透過神經可塑性的力量（意味著我們可以學習和改變）以及大腦敏捷性來提升這項能力，運用「全腦思維」（whole-brain thinking），在不同情境與人際互動中進行更有效的解讀和應對。

本書的主要目標是發展後設認知（metacognition），也就是「思考自己如何思考」，以及培養對自身覺察的自覺，而不是讓大腦處於自動駕駛狀態。後設認知是前額葉皮質（pre-frontal cortex, PFC）的一項功能，而 meta 這個字根有超越之意。PFC 負責監測來自其他腦部區域的感官訊號，透過回饋循環（feedback loops）來指導我們的思考方式，並且持續根據外界的變化來更新大腦的運作方式。後設認知包含了記憶監控、自我調節、意識與自我覺察，可以幫助我們調節思維，提升

覺察力，以及發揮學習與改變的潛能。

我的四步驟計畫可以全面喚醒大腦，發揮你的最大潛能。這套計畫的基礎來自神經科學與精神醫學對大腦的長期研究，並融合了最新的認知科學，此外，我也適當結合神祕學與靈性的元素。我們會深入探討創造未來的神經科學機制，包含吸引力法則，以及如何訓練大腦來顯化你的夢想。

我會告訴你「視覺化」的力量，二十一世紀的科學已證實這個概念，並且了解當我們主動引導正面思維時，大腦內部會發生哪些變化。此外，我們將討論如何使用行動板來聚焦你的目標，幫助你建構一個真正符合內在需求與渴望的生活。最終，這些技巧將形成一種強效組合，能夠重塑你的思維與動力，並即時阻斷負面情緒與思考。

突破現在的困境

這本書是人生指南，結合科學與靈性，並以開放且務實的方式呈現。我希望幫助你喚醒大腦，釋放其全部潛能，讓你能夠掌控自己的人生，不再受限於自動駕駛模式，而是做出必要的選擇，勇敢前行。

我們每個人都會受到負面思維模式與行為習慣的影響，這些習慣讓生活變得輕鬆一些，卻未必真正讓我們得到快

樂，而且許多情緒也會限制人生的選擇。如果你察覺這些因素正在決定你的生活方式，你需要找到突破的方法。這是屬於你的機會，讓你全然投入自己最深層的需求與渴望，主動掌控自己人生，而非受到外部環境或困境所限制。如果你讀到這裡，發現自己不自覺點頭認同，那麼這本書就是為你而寫的。

➤ 情感關係

- ◆ 我更關心其他人，而不是關心自己。
- ◆ 我很難找到並維持健康的關係，而且懷疑某種模式導致問題不斷出現，威脅到我的長遠幸福。
- ◆ 我曾經受到嚴重的情感傷害，以至於我完全阻斷與他人建立親密關係的可能性。
- ◆ 我寧可將就於任何一種情感關係，也不願單身或不斷與不同對象約會。
- ◆ 我很想趕快遇到伴侶，以免成為朋友圈中最後一個沒有孩子的人。
- ◆ 我感覺自己困在一段不愉快的長期關係中，無法找到出口。
- ◆ 我無法結交新朋友，也無法感受自己和現有朋友圈的連

結。我不知道如何「跨出下一步」。
- ◆ 我渴望有伴侶和家庭,但我覺得自己無法讓這種情況順利發生。

▶ 職場工作

- ◆ 我經常為了該做什麼樣的決定,而感到苦惱。
- ◆ 我知道我可以做到最好,但我不確定自己是否在做正確的事來發揮潛能。
- ◆ 我從未主動要求加薪或升遷。
- ◆ 我的工作讓我感到無聊,但它能支付我的生活開銷。
- ◆ 我對自己能做或不能做的事情持有固定的看法,我已經認命了。
- ◆ 有時我感到非常疲憊,以至於累到無法起床。
- ◆ 我對自己的職業生涯有很多想法,但不知道如何實現。

▶ 個人發展

- ◆ 我的思維經常遭到「永遠」、「總是」,以及「應該／必須」所主導。
- ◆ 我希望我能更妥善地掌控自己的生活。

- 我感到沒有方向，擔心人生會悄然流逝。
- 極端情緒壓垮了我。
- 我對身體和外表的感受，絕大部分取決於我當下的心情。
- 我有時會嫉妒其他生活過得比我好的人，甚至包括我的朋友。
- 我向多數人展現的生活是經過修飾的版本，因為在我內心深處認為它並不那麼美好。
- 我想開始一項新的計畫或旅行，做一些不一樣的事情，但我總是拖延這些計畫。

如果你發現自己符合上述任何一種情況，那麼理解神經可塑性的運作方式，將讓你以不同的方式思考，改變老舊且難以動搖的觀念。本書將幫助你設定未來的願望、目標或夢想，並告訴你如何實現你的理想生活。

寫日記

在開始之前，先培養一個重要的新習慣：寫日記。在這本書中，我們會問自己很多問題，從中發現讓我們自我消耗的模式和習慣，並逐步建構更光明的未來。所以，花點時間為自己準備一本讓你感到愉快和和充滿力量的日記。

若想從這個練習獲得最大的效果,你必須每天記錄自己的想法,以及你對事件與周遭之人的反應。不需要長篇大論,但要誠實且坦率地描述自己的情緒、動機和行為。以下以我的日記作為範例。

> **│個案分析與應用│**
>
> ### 從害怕親密關係到走出恐懼
>
> 即使我的職涯正攀上顛峰,但在面對情感關係時,卻好像因為恐懼而癱瘓似的。我對親密關係避之如瘟疫,前幾年我還會敷衍的約會(不談婚姻或長期交往),之後有兩年沒和任何人約會了,我才意識到自己缺乏信任感,以及婚姻破裂後害怕再次受到傷害。我已經完全說服自己:永遠別再考慮再婚,這對我來說是最好的選擇,因此我一直認為願意接受穩定且有承諾的關係,完全是在浪費時間和精力。如今,我不得不努力挑戰這種想法,偏偏我自己的情緒成了改變的最大障礙。
>
> 透過寫日記,我察覺到缺乏信任感讓我不斷陷入避免親密關係的模式,而這只會導致我的預言成真(接受固定的親密關係果然是浪費時間)。我決定假裝過去從未束縛過我,試著以不同的方式思考和行動,看看我最大

> 的恐懼是否會成真。結果沒有。過程是有一些波折，但不算太糟，我仍然可以繼續前進，直到一切步入正軌。如果我繼續閉關設限，我是絕對不可能走到這一步的。

開發潛能之源

有一個關於神經科學的迷思（很難打破！），認為我們只使用了 10% 的大腦功能。事實並非如此，但我們對 10% 這個數據的偏愛掩蓋了科學的真相：大腦成長和改變的潛力，以及它如何引導我們的生活，遠遠超出我們的想像。

在這本書中，沒有無根據的主張和量子物理學的論述，每個論點都會有足夠的科學依據來支持。我會分享我曾和病患、輔導的學員和企業主管所採用的四步驟，以及讓我個人受益的實踐練習，例如視覺化、寫日記和創作強大的行動板，你可以善用它們來實現你的願望。

在 Part 1 中，你將了解吸引力法則和視覺化力量的科學根據。Part 2 將探索神經可塑性，以及大腦要如何真正改變其運作方式。Part 3 揭示靈活且平衡的大腦如何在我們的生活中發揮重要作用。我鼓勵你嘗試全書的練習，並在最後 Part 4 提供啟動潛能之源的路線圖。

本書將帶你踏上融合科學與靈性的旅程，幫助你將想法化為動力，將自動駕駛模式轉變為有意識的行動。這就是潛能之源的力量：了解自己是掌控命運的人。現在，距離建立全新且充滿自信的自己和嶄新的神奇人生，只有短短的四步之遙了！

PART 1
科學與靈性

1
科學驗證的吸引力法則

吸引你所想要的，反思你所冀望的，成為你所尊重的，仿效你所欽佩的。

你是否曾經有過那種一切都極其順利的日子：例如在鬧鐘吵醒你之前就醒來，感覺輕鬆和清醒，意外有更多時間可以悠閒享用早餐；或是以划算的價錢買到你一直想買的東西；或是工作上遇到絕佳的機會？

當這種情況發生時，我們可能會想「今天是我的幸運日」，或者認為自己正處於「連勝」的好運氣。這些機會似乎非常隨機，並非我們所能掌控。也許你認識一些總是非常「幸運」的人，例如總是有朋友會有多餘的演唱會門票；常常可以升等機艙；擁有十分契合的伴侶。

然而，我已經理解到，這些「幸運」絕非純粹的偶然，而是「吸引力法則」發揮作用而已。想想最近發生在你身上的好

事或特別「幸運」的事情。有個工作機會看似是好運,但為什麼不將其視為你表現成功的回饋呢?對很多人來說,在路上偶然遇到新對象的機會可能更像是中獎,其實它是你有意識的努力保持開放的心態去認識人,並且在對的時間出現在對的地方的結果。生活中的事情並不只是單向、被動地「發生」在我們身上,我們的行動和選擇也在塑造我們的生活。

吸引力法則是「潛能之源」的核心。簡而言之,本書描述我們如何藉由改變思考方式,來塑造生活中的人際關係、物質生活與各種事件。我們透過將注意力集中在希望實現的事物、具體想像,並且藉由行動將能量導向它們,使其「顯化」（manifest）。當我們選擇將能量和注意力集中在某個事物上時,成果就能在生活中顯現出來。

這種顯化的觀點具有爭議,並且常常遭人忽視,許多人因此將吸引力法則的整個概念視為不可信。然而,我認為這個問題有部分是語意的誤解。因為像《祕密》和《萬能金鑰》這樣的書籍,將成功歸因於「思想感應」（thought vibrations）和「更高層次的力量」（higher powers）,所以「顯化」一詞很容易讓人聯想到宗教力量或盲目信仰,但顯化只不過是另一種表達「讓某件事發生」的方式。

顯化這個概念和行動有很大的關聯,它不僅是意圖而

已。我們不應該賦予這個詞過度的期待,認為它會帶來奇蹟般的自發性事件,應將其視為意圖與行動之間有目的的連結,就能將這些啟發性書籍的理念與現代科學結合,並為其提供基礎。

我會以科學根據為基礎,在本章中逐一概述吸引力法則的六大原則。我會探討這些原則的大腦運作過程,以及能讓你將這些原則轉化為優勢的實踐練習,幫助你加速設定理想的人生。

這六大原則的各種組合出現在時下流行的吸引力法則書籍中,你可能會很驚訝,我們竟然可以在其中發現那麼多科學真理。

設定你的意圖

在依次介紹六個原則之前,我想先探討一下吸引力法則的支持者所說的「意圖點」(intention point),他們將其定義為「心緒」(heart)和「思維」(head)的交會點。這個概念並非只是盲目信仰而已,而是有科學根據的。從科學角度來看,如果我們從「意圖點」設定目標時,科學解釋指出:我們的直覺、最深層的情感和理性思維就會和諧運作,而不是相互衝突。一

且這三方面無法協調，我們幾乎不可能實現自己的目標。

有趣的是，在面臨人生抉擇時，我們卻傾向於將思維、心緒和直覺視為三個不同的概念，常常將自己拉往不同的方向，也就是我們選擇的時候，總以為大腦的邏輯思維過程、身體的本能反應，以及情緒的影響力是相互排斥的力量（可能是重大決策，例如在想要的工作與職業發展現實之間進行抉擇，也可能是日常生活中，是否在特賣時購買一件昂貴的夾克）。

愈來愈多的新興科學揭露更多身體與大腦之間的關聯性，而且這些研究幫助我們更深入地了解大腦與身體之間的聯繫。由於神經和荷爾蒙的雙向互動，我們更清楚其因果關係：如果我們感到飢餓或疲倦，會影響我們的情緒和決策；如果我們感到憂鬱或壓力，也會改變睡眠、食慾、體重和其他一系列生理狀況。理解這一點，並在全腦和全身的層面上尋找符合我們內在感受的意圖，這才是科學教我們的平衡之道。

| 個案分析與應用 |
使用行動板制定正確決策

當我開始輔導碧柏時，她的婚姻已經破裂了。她嫁給一位律師，他一星期有好幾個晚上都在辦公室加班，

而且在十年的婚姻中,他大部分時間都以工作為主,這讓她非常不快樂。

這對夫妻有兩個年幼的子女,碧柏在大多數週末都都需要獨自照顧孩子,因為她丈夫不是在加班,就是在出差。她多次考慮要離開,並告訴我這場婚姻感覺就像是「假結婚」,而且她感到很孤獨。碧柏的家人和公婆都勸她堅持下去,並告訴她,當丈夫升遷後、孩子們長大時,情況就會好轉。在現實層面上,碧柏也知道,如果他們分開,她將無法負擔獨自養家的費用,也擔心會帶給自己和孩子巨大的生活變化。

我鼓勵碧柏打造自己的行動板,利用圖像幫助她將未來理想的生活視覺化。這個行動板成為碧柏的轉捩點。當她隔一週回來找我時,她製作了充滿力量的行動板,中心是一個女人的影像,她背對著鏡頭,站在山腳下,獨自一人。她的雙手放在臀部,看起來準備要往上攀登。她知道前面有一段艱苦的旅程,但她相信自己做得到。行動板上還有孩子的照片、她想去的地方的照片,以及她想要進行的家庭冒險。

這個行動板幫助碧柏看清楚內心和直覺上真正想要的,幫助她辨識那些讓她看不清未來的各種邏輯問題。

即使會在短期內面臨一些困難,她仍然認為自己有能力做出對全家人更好的決定。之前她一直讓恐懼主宰她的決策,設想最糟糕的情景且過度焦慮,這種情緒反應讓她的邏輯思維變得模糊,無法理性地看待問題。所幸藉由行動板和我們兩人的努力,她能夠成功調整自己的思維和心緒,找到了自己對未來的真實期許和意圖。

那天晚上她告訴丈夫想要分開。經過最初的震驚後,丈夫同意了。四年過去了,雖然離了婚,但她感到滿足和心安,並與前夫保持著良好的關係。她毫不懷疑自己做了正確的決定。

吸引你真正想要的

設定你的意圖目標並沒有什麼神祕或神奇的訣竅。你只需要問自己:「我的人生有按照我想要的方式前進嗎?」如果答案是否定的,那就想像你希望的生活樣貌,並且採取行動。藉由釋放大腦的全部力量,也就是「潛能之源」,開始以有助於我們實現願景的方式來思考和行動。

請記住:目標必須和自己最深層的價值觀和人生抉擇一致,這樣我們的意圖和專注力才能發揮最強大的力量。例

如，如果你強迫自己為了賺錢而做出某個職涯選擇，卻犧牲自己希望透過工作幫助他人的使命感，你有可能在身體、情感和精神生活中承受壓力和焦慮等負面症狀，因為你過著一種不符合自己本性的生活方式。或者，如果你覺得該結婚了而在尋找配偶方面妥協，最終可能發現雖然滿足了一些表面上的條件，卻忽略了更深層次的需求。

以上這些徵兆都代表著內在的吶喊：「這不是我要的！」這些內在衝突破壞了我們的免疫力，影響我們的韌性。例如，當你處於持續的壓力之下，你的大腦和身體會充滿壓力荷爾蒙皮質醇（cortisol，又譯作可體松），它會對白血球細胞產生連鎖反應，而白血球細胞是免疫系統的第一道防線。

相反地，當我們的身心狀態更平衡，我們的目標、行為與深層自我保持一致時，就是為了即將到來的成功做好準備。我們比較不會因焦慮或消極情緒而陷入困境；壓力荷爾蒙會降低，我們會更健康、免疫力更強，較能避免經常性的小病痛，甚至重大的健康危機。情緒調節激素和感覺良好的腦內啡（endorphins）會使潛能之源更自由地流動。

我每天都會在我輔導的對象看到這樣的例子，多不勝數：許多成功的人認為自己能在壓力下茁壯成長，他們相信若要取得成功，就必須接受這種持續處於腎上腺素和皮質醇

高度分泌的高壓狀態。但他們很可能忽略身體發出的求救訊號，例如心悸、壓力過大或消化問題，或是情緒低落的徵兆。這種狀況可能已經持續多年。我的首要任務是告訴他們，不能忽視這些症狀，必須找出根本原因：心與直覺傳遞的訊息，以及無視身體和情感，不顧一切推動自己前進的僵化觀念，這種矛盾就是導致壓力和健康問題的關鍵原因。我的任務就是說服他們停下腳步，聆聽身體與心靈的聲音，並重新連結他們真正想要的人生目標。

對我來說，意圖點是大腦和身體整合的隱喻，也是潛能之源全力發揮的特徵，這是所有人都應該努力追求的目標。一旦能夠更充分地整合大腦與身體（在 Part3 中會詳細探討），我們的動力和能量將以強而有力的方式合而為一。

現在就設定你的意圖

我希望你現在就設定你的意圖：這是你的首要目標，會支持你獲得你未來想要實現的一切。這個目標應該要有點大膽，可以反映你希望改變人生層面的宏大願景。在日記的第一頁寫下這個目標。

顯化這種改變的想法，應該會令你感到興奮和激動。當你閉上眼睛，想像這個意圖變成真實，你應該能在腦中看

到這個景象，你可以用直覺感受到它；它會讓你的心充滿渴望。這個意圖可以是以下幾個重點：

◆ 建立信心，相信自己可以擁有成功的事業，找到很棒的人生伴侶。
◆ 從現在開始，讓勇氣和遠見主導我的決定，拋開恐懼。
◆ 扭轉一段困難的關係／家庭狀況，管理情緒調節。
◆ 透過提升健康和人生目標，在生活中找到幸福。
◆ 培養對自己的同理心，調整內心批判的聲音，創造夢想中的生活，並且是值得擁有的生活。

不要讓目標限制你，要把眼光放遠。在本書的學習過程中，你將學會如何利用潛能之源來幫助你實現任何目標。我們將會探討如何設定你內心最深切的渴望。如果在進行本書的練習和建立行動板的過程中，需要調整或釐清你的意圖，也是完全沒有問題的。你甚至可以在閱讀本書的過程中，開始為行動板蒐集圖像，以及逐步思考理想生活的樣貌。

現在，讓我們逐一檢視與說明吸引力法則的六個核心原則，看看現代神經科學帶來什麼樣的啟發。

原則一：豐盛思維

探索「豐盛的宇宙」的想法，是吸引力法則的核心，也是掌握潛能之源的首要原則。因為一些毫無科學根據的心靈導師（他們這樣自稱）經常濫用「豐盛」一詞，你可能會將其視為空洞的自助口號。但是，如果我們認真研究探討這個概念，就能以科學知識為基礎，以符合常識的觀點來看待。

豐盛和匱乏的交戰

在大多數人的心目中，有兩種觀點總是在互相對抗：豐盛和匱乏。兩者就像我們可以選擇的兩條道路，不同的道路會帶來截然不同的生活體驗。

豐盛的思維與積極思考和慷慨相關，其核心信念是：每個人都能獲得足夠的資源，我們找到自身的定位並追求成功時，不只可以提升自己，也會為社會或世界帶來更多可能性與機會。豐盛的思維有助於提升我們的自尊和自信，在艱難之時保持韌性。這種思維具有感染力，能夠在我們周圍創造出欣欣向榮的環境與社群。相似的事物會彼此吸引。如果你認真觀察，會發現積極、自信的人往往與擁有類似思維的人成為朋友、伴侶或事業夥伴。

另一方面，當我們從匱乏的角度思考時，主要的動機是恐懼。當思維偏向負面，會特別關注自己缺少或做不到的事情，也對自我和處境中的不足之處格外在意。如果以這種非黑即白的方式思考，我們遇到障礙和限制時會退縮，退回到保守且具有保護性的舒適區，避免風險且抗拒改變。我們會常說：「寧願選擇熟悉的惡魔。」或是「萬一出了油鍋，結果又進入火坑怎麼辦。」我們常常擔心冒險可能帶來不良結果，但是並沒有更多證據證明壞事一定會發生。同樣的，我們也無法證實採取積極行動一定會成功。

想想你的生活中，是否曾經因為害怕不確定性和改變，而堅持某些事情，例如令你不開心的工作、一段不健康的情感關係，或者不適合繼續下去的友誼？當你開始嘗試新事物時，是否會因為害怕失敗而感到擔憂？有句話說：「一朝被蛇咬，十年怕草繩。」我有個朋友迫切想要找伴侶，但在一連串糟糕的經驗以後，她最近停止約會，這正是陷入匱乏心態的典型例子。當我們繼續以「最糟的事情將要發生」的心態對待生活時，會更加強化大腦中的這些負面路徑。

恐懼是一種強大的情緒，占據了大腦中原始的部分。在恐懼的狀態下，大腦中負責連結情感和記憶的部分會因為這種「紅色警報」而變得過於活躍，提醒你過去的失敗和負面的

記憶。這是一種大腦保護我們免受傷害的安全機制，大腦會建立一個回饋循環，一旦我們觸發了這種量身打造的反應，這個機制就會啟動，幫助我們避免再次面對類似的危險或痛苦。

有趣的是，對大腦來說，「失去」帶來的感受，比同等價值的收穫還要強烈兩倍，因此我們更傾向於刻意避免潛在的損失，而不是努力追求回報和獎勵。[1] 企業的究責文化正是利用了這種行為偏誤，因為人們過於害怕質疑糟糕的決策或挑戰現狀。還記得上次你要求加薪時，換來老闆的臉色嗎？或者你很喜歡的那個人在約會三次後突然消失了？「如果你再次冒險，很可能這些事情又會再次發生，」我們的大腦會這麼告訴我們，它為我們做出最好的選擇。

然而，匱乏心態卻阻礙了正向的改變，使我們陷入停滯不前的狀態。這樣的情況讓我們緊抓住已有的東西，因為我們強烈意識到自己所缺乏的。我們害怕失去任何事物，變得極度害怕風險，然而，一個過度關注威脅的大腦，無法進行靈活的思考，也無法進行全面的「大腦－身體連結」的決策過程。

重要的是，我們的心態並非固定不變，而是因應當下的壓力源，在不同觀點之間擺盪。例如，若處於長期壓力之

下，大多數人對風險的承受能力會顯著降低。當我們需要在特定時間內進行一項繁重且複雜的專案，並且需要長時間工作，就不太可能把握購買新房的好機會，或認為這是個考慮約會的好時機。這是一種自然且在某種程度上的合理反應。當我們意識到自己長期處於持續高壓狀態，這種情況下，匱乏心態很容易成為我們的主要思維模式，令我們無法突破當前的困境或進步。

匱乏心態也可能在我們生活的某個特定領域持續存在且難以改變，無論當時是否有明顯的壓力或挑戰。想想你的生活，問自己在哪些方面最常採用豐盛心態或匱乏心態思考：是人際關係、工作、友誼，或是嘗試各種新事物的態度上？想想這種心態目前如何影響你的生活和未來的夢想。

那麼，該如何才能改變思維方式、擁有豐盛的生活呢？豐盛思維需要我們願意改變思考模式，為新事物騰出空間，放下過去的信念和假設，接受新的證據和想法。神經科學家在這方面也親身實踐：研究的進步意味著我們曾認為真實的事物，現在已不再有證據支持。我們需要重新評估許多舊有的概念，包括：大腦的發展在成人期後就會停止，無法再有顯著的變化；左右腦思維定型；男女大腦存在差異，以及性別的生物基礎。

如果你支持科學證據,那麼你應該接受失敗,並以學習新知與持續改進的態度向前邁進。人生就像科學一樣,如果我們願意放下過去的信念並擁抱變化,會更容易取得進步。想要追求個人成長,需要誠實面對自己的思維,願意接受新觀點,不再固守舊有的信念。

| 個案分析與應用 |

在生活和工作中應用豐盛思維

我有一個老朋友克萊兒,她對人際關係和友誼抱持著豐盛思維。她最近結束一段長期且不健康的情感關係,並以一種樂觀正向、充滿樂趣的心態與人約會。她擁有各類型的好朋友,擅長結識新朋友和維繫現有的友誼。

但是,她的工作和生活卻是另一回事。多年來,她在同一家公司停滯不前,而且持續多年,始終未獲得晉升,主管經常指派最吃力不討好的任務。過去四年來,她一直抱怨這份工作,向任何願意聽的人訴苦,但似乎始終無法離職。為什麼?在童年時,她的父母都是自由業者,經常處於不確定的就業狀況,這使得她對財務不

> 穩定有著深深的恐懼。再加上她在第一個工作中遭到解雇，這樣的創傷經驗使她總是做最壞打算，也傾向依賴工作帶來的安全感。在她的職涯中，匱乏心態顯然主導了她的行為。
>
> 我協助克萊兒意識到這種長期存在的負面思考模式，並了解這種模式的影響，讓她能積極面對職業不安全感的恐懼。我們嘗試將她對人際關係和友誼的那種生活熱情應用到工作生活中。經過一段時間的練習，她找到了一種能夠真實反映她心靈與思想的方式。她意識到自己在建立良好關係和享受社交活動方面的能力，也意味著除非她不想，否則她不太可能沒有工作可做。
>
> 帶著這份自信，她能夠將豐盛心態帶入職場，並且開始根據自己的想法進行決策，而不是不惜一切代價維持現狀。

我們可能都像克萊兒一樣，雖然我們的匱乏心態可能發生在不同的層面，無論是職業、情感關係、健康或社交生活。

問問自己，你是否有任何長久累積的陳舊觀念，正阻礙你在生活的某個領域進行改變。例如，也許你的工作負擔過重，想過委派任務給其他人，但實際上你會找到各種理由不

這樣做。背後的原因是，你在內心深處享受著掌控所有知識的控制感，而且你擔心如果把工作分派給別人，其他人可能會比你做得更好，這會讓你感到不安。這感覺像是冒險，但真的是這樣嗎？這些是我們因害怕失敗的藉口，也正是潛能之源極力要你辨識和避免的行為。但首先要問問你自己，哪些匱乏心態正在影響你的行為和決策，是否有一些深埋內心的思維阻礙你改變。

選擇豐盛心態

相反地，豐盛心態建立在一個信念上：總有改進的潛力。對於具備豐盛思維的人而言，挑戰、學習和困難在本質上就是有益的，也是改善和成長的關鍵。智力、創造力和技能（無論是藝術、解決問題或人際關係），都可以練習和改進。小失敗可以重新定義成為機會，並成為人生旅程的一部分，工作上的挫折教會你提升一項重要技能，或是失敗的感情幫助你更清楚理解你究竟想要哪種伴侶。

這就是潛能之源的力量所在。選擇擁抱豐盛思維是全心全意投入生活的承諾：積極挑戰而不是被動迎戰，並且堅決關閉我們的大腦自動駕駛模式。重新和人約會、搬家或旅行，可能是你願意接受的改變；失戀心碎、經濟壓力或生育

問題可能是你最不想面對的問題和改變。但如果你可以管理自己面對改變的恐懼，就可以為未來做好準備。當困難出現時，最常見的反應是渴望待在舒適圈裡，恰恰在這個時刻，我們需要嘗試更多不同的解決方案和行為方式。

當我們以豐盛的心態生活時，大腦會發生什麼事情？教師和兒童心理學家長期以來都認為，表揚正面的行為比懲罰不良行為更能有效改善紀律，並且能夠激勵人們更努力工作，養成積極的習慣。這在工作和人際關係中同樣適用，但當我們的大腦還未完全適應這樣的思維模式時，實踐起來可能會顯得格外困難。我們或多或少都有著負面的習慣，傾向關注那些進展不順利之事，因為大腦的風險規避機制比獎勵機制更為強大。

豐盛思維的關鍵要點是正向思考，意味著專注於積極的面向，而不是陷入負面的情緒中，用正面的肯定語言取代負面思維，培養對他人的信任與慷慨，並且相信生活是美好的，有利於讓你茁壯成長。

培養豐盛的思維需要我們持之以恆並刻意練習。正如我們在第 4 章討論的內容，改變自己習慣的思維模式（無論是有意識或潛意識），都需要努力和重複練習。一旦匱乏思維根深柢固時，就會有大量的神經元和神經通路受到影響，當我們

長期習慣「如果……萬一……」這種最壞情境的思維模式時，它就會變成大腦的自然反應或習慣。

重新定義失敗

最簡單的方法之一，就是開始運用豐盛的心態來看待失敗。在匱乏心態下，當我們經歷失敗時，內心批評者會把這次失敗當作「我早就說過了」的證據，並強化一種想法：當我們面對艱巨的目標時，繼續努力似乎是徒勞的。擁有豐盛思維的人會將失敗視為成功的必要元素。

世界上一些偉大的創新，正是在意想不到的實驗過程中誕生的。從鐵氟龍（Teflon）、塑膠到微波爐，都是在試圖創造其他東西時的失敗嘗試中被發現的。著名的家具設計師伊姆斯（Charles Eames）設計出代表性的座椅，但其實這張椅子是他為了打造腿部夾板的膠合板而不斷琢磨創新之後的衍生品。在 2003 年，加州大學洛杉磯分校的女研究生潔米・林克（Jamie Link）意外發現了我們現在所稱的「智慧微塵」（smart dust）。起因是她正在研究的晶片遭到破壞，她在殘餘部分中發現個別元件仍然能夠作為感測器。如今這些感測器已廣泛應用於從醫療技術到大規模生態檢測等各個領域。世界上銷量最大的藥物之一「威而鋼」，最初是為了治療高血壓和因心

臟病引起的胸痛而開發的。這些都是透過實驗和「失敗」而發現的重要案例。

重新評估自己的「失敗」，將其重新定義為「尚未成功」，這是重寫自己故事（通常是關於過去的痛苦掙扎）的好方法。這樣的思考方式鼓勵我們轉向豐盛思維，並且總是能夠找到積極的角度，這正是成功的關鍵，意味著我們能夠保持韌性，堅持達成目標，而不是在遇到困難就放棄。

「因為你值得」已經成為近年來最具吸引力的廣告詞之一，這是有充分理由的。我們極少有機會感受到自己內心深處的價值，相信自己能夠創造出夢想中的生活，但我們都希望自己能擁有那種力量與自由。選擇以豐盛思維的眼光來看待世界，遠離匱乏思維，你就已經開始克服自我懷疑，建立更強的自信心，並且創造你真正想要的生活。

原則二：顯化

我們或多或少都經歷過看似巧合的情況：你偶然想到找一群人去度假，就剛好有個朋友在法國預訂了一幢大宅，並寫電子郵件邀請你去；或者你對某個與工作相關的事情很感興趣，剛好就有與此相關的重要專案突然找上你。我知道，

僅是將注意力和精力專注於內心最深切的渴望，並相信這樣的行為可能會帶來改變，幫助我們「顯化」理想的生活，似乎令人難以置信。我當然不提倡只是被動地許個願，坐等回報自動找上門來。但是，強烈的意圖加上足夠的行動，確實可以促使這些事情發生。你可以邀請一群朋友共同籌劃假期，也可以讓你的社交網絡知道你正在尋找什麼樣的工作。很多時候，這些事情未能顯化，是因為我們沒有信心去要求。

看看你身邊那些心想事成的成功例子，但不要只專注那些顯而易見的成功故事，例如某些朋友或家人建立成功的企業或克服重大挑戰；也要關注那些改善生活習慣或克服健康問題；或者有些人通過與某個偶然遇到的人交談，意外地找到了完全符合自己需求的完美住所。有一些名人的例子也很有意思。例如，演員金凱瑞（Jim Carrey）曾寫下一張價值1,000萬美元的假支票，日期為1994年，而那年他主演電影《阿呆與阿瓜》（Dumb and Dumber）的片酬，正好就是這個數字；此外，知名主持人歐普拉也曾靠著行動板而改變人生。

積極嘗試去「顯化」夢想中的生活，可能看起來很瘋狂，也擔心努力會徒勞無功，就像如果我們與他人分享自己的重要計劃，卻未得到正面回應，會感到尷尬。所以我們選擇什麼都不做，只是等待好事可能會發生，而內心卻不相信真的

可能實現。

大多數時候，我們最深切的渴望和我們選擇的意圖相互矛盾。我們在前文談到如何設定意圖，請想想你自己的例子。也許，你專注爭取升遷、加薪以達到生活穩定的目標，但其實你的夢想是重新學習新的技能或專業知識；或者你決定回到令你痛苦的情感關係中，只是因為你覺得自己應該能讓它變得更好。請回想你過去的人生以及最近一次真正「努力實現」一件你內心渴望的事情是什麼時候。結果如何呢？

顯化的科學

如果我們的渴望和意圖相符，就可以運用各種感官，開始「顯化」我們想要的生活，想像它的具體畫面：說出它；聽到它；想像其外觀、感覺、氣味和味道。我們可以運用這種方式，使大腦感受這些夢想的具體樣貌。

我們集中注意力在某個目標或事物上，而在內心深處確立這個目標的重要性，此時大腦會同時進行兩個過程，這解釋了這種強大的「組合效應」，以及為什麼顯化會有實際的效果。這兩個過程是「選擇性注意力」（selective attention）和「價值標記」（value tagging），接下來讓我們更詳細探討。

➤ 選擇性注意力

我們每秒鐘都被數以百萬計的資訊轟炸，這些資訊主要透過我們的眼睛、耳朵，以及嗅覺、味覺和觸覺進入大腦。為了專注於當下對我們重要的事物，大腦必須捨棄或淡化某些資訊。這些資訊在標記後儲存為記憶，隨後用來引導和影響我們的行動與反應。選擇性注意力是大腦的一種認知過程，在這過程中，大腦會專注於少數重要的感官訊息，同時過濾它認為不必要的干擾。

負責管理大腦選擇性篩選的是邊緣系統的一部分，稱為「丘腦」（thalamus）。例如，當你與朋友交談時，丘腦會接收來自你的視覺觀察（眼前這個人的影像、動作和肢體語言）、聲音及其語調和重音，還有任何其他感官訊息，以及當下你在交談時身體裡的情緒。丘腦作為感官的樞紐，會蒐集所有這些感官資訊，然後像交通警察一樣，將其引導至大腦的適當部位。丘腦也會與大腦的其他區域互動，幫助大腦決定哪些訊息應該視為「優先事項」，而哪些可以忽略或淡化。這種選擇過濾的程度令人驚嘆。

是否看過 1998 年心理學家丹尼爾・勒文（Daniel Levin）和丹尼爾・西蒙斯（Daniel Simons）的實驗影片《門》（Door）？[2]

在實驗中，一位研究員拿著地圖向行人詢問方向。當行人接過地圖並向研究員指出該往哪裡走時，兩個工人抬著一扇門經過，擋住了研究員與行人之間的視線，此時，第二名研究員迅速上前取代了第一名研究員的位置，也就是說，路人的說話對象完全變成另一個人。值得注意的是，在這個實驗中，50%的路人沒有注意到他們正在談話的對象在門板經過後已經換人了。他們專注在地圖和指路，大腦未能察覺詢問者的外貌和聲音已經完全不同。這是因為他們的丘腦判定研究員的外貌是無關緊要的，因此淡化了與此相關的所有感官資訊。勒文和西蒙斯還進行過一系列類似的實驗（你可能看過那個籃球比賽中穿著大猩猩服裝的人走過的實驗）。

這種選擇性注意力每天每秒都在發生。事實上，我們有時甚至會刻意利用它，例如閉上眼睛，試圖記住某件事，或在集中精力時用手摀住耳朵。如果我們能夠了解並接受大腦隨時都在選擇性過濾許多訊息，而只專注於我們當前認為重要的部分，就可以理解顯化力量的關鍵。這也是為什麼我們需要主動掌控注意力，決定要專注於什麼、不專注於什麼，因為你無法顯化那些你未曾注意到的事物。

大腦的專注力不可小覷。一旦我們理解，大腦選擇的訊息可以影響我們的行動（同時大腦也在過濾其他訊息），就會

知道那些未被意識到的事件可能有多重要，特別是當它們與我們的意圖息息相關時。如果你的大腦能夠掌握這些資訊，你是否有信心，大腦在決定你應該關注什麼、忽略什麼時，做出了正確的選擇？

我們現在已經知道，大腦會不斷回到其預設狀態，這個預設狀態的目的是保持我們的安全，從而確保我們的生存（本章的原則一：豐盛心態）。大量的大腦能量集中在辨別誰是朋友，誰是敵人，因為這在部落時代對我們的生存至關重要。但是，在現代世界中，我們需要主動引導大腦，不再優先處理這些潛意識的偏見，而要變得更加開放、靈活，並勇敢地推動自己朝向那些感覺「全新」和「危險」的目標。我們應該專注於自己想要的，而非那些為了生存而須避免的問題，這樣才更有可能顯化自己渴望的事情。就像騎登山車，應該專注於前方的道路，而不是過分關注那些你不想遇到的障礙物，如坑洞或巨石。

大腦的邊緣系統也負責決定哪些內容應該保留為有意識的思考與記憶，這也說明將願望和未來計畫從「潛意識的、模糊的狀態」提升到「有意識的清楚定義」是如此重要。例如，你可以刻意列出希望伴侶具備的重要特質清單，這些條件來自於你自己的經歷和渴望，並且花時間定期檢視這個清單，

探討這些特質對自己有何意義。

如此一來，你就在大腦中設置了警報，提醒自己注意那些符合條件的人。以前你的大腦會不自覺過濾一些與人見面喝咖啡，或與公車站看起來有趣的人交談的機會，因為你已經放棄了遇見「對的人」的念頭，但現在你更有可能注意到一個停留的眼神、一個邀請的微笑，或者如果對方給你名片時，你也會主動去聯絡，這就是為什麼專注於你的渴望是顯化夢想的一部分。

▶ 價值標記

「價值標記」是「選擇性注意力」的一部分，是指大腦對接收的每一條訊息（包括人、地方、氣味、記憶等）進行評價的過程，這是潛意識的大腦活動。這一過程發生在我們對外界刺激做出任何反應之前，會影響我們隨後的行為和反應。

例如，一個人可能會注意到街上停著一輛舊的紅色轎車，回想起自己曾擁有的第一輛車，並產生美好的回憶。他的價值標記系統喚起一個在表面上已遭遺忘的古早記憶，藉由追溯青少年時期的關聯，而在內心深處引發溫暖的感覺。他可能會特別注意停車的人，並且開始一段原本不會進行的對話。其他在大腦（邊緣系統和丘腦）中沒有標記「紅色轎

車」之人，即使這輛車停在他家門口好幾天，可能也不會注意到這輛車。

價值標記有邏輯和情感兩個元素。邏輯元素是指大腦接收到所有數據後，會依據對我們生存和需求的重要性來標註這些資料的價值。情感元素則是和「社會安全感」的程度有關，也就是我們對社群、家庭的歸屬感，以及建立個人和職場身分的意義和目的。

由於這個過程，我們很容易對我們在乎的事物賦予過高的價值，或者對我們害怕或感到不確定的事物賦予負面的價值，進而產生排斥感。例如，有人經歷了一次痛苦的失戀，隨著時間的經過，生理時鐘開始發訊號，暗示著想要建立關係或生育的需求。那麼他們的大腦標記系統可能會出現偏差，甚至對尋找伴侶或擁有孩子產生排斥情緒。這種時候，腦海中的微小聲音開始對他們說：「你獨自生活太久，無法與任何人分享自己的空間」或「事業或社交生活對你太重要了。」因此，這個人就不會特別留意可能的戀愛對象，只會關注工作晉升機會。你可以看到，大腦正引導人們走上一條並非自己選擇的道路，使其離自己的夢想愈來愈遠。

如果童年時期我們在家庭或學校遭到批評或歸類為不會成功的人，產生的自尊問題可能會在未來破壞職涯的機會，

因為在內心深處，我們害怕自己不配得到成功。同樣地，如果我們執行健康的飲食計劃，卻認為自己無法堅持下去，就很容易屈服於誘惑，進行錯誤的選擇。

這是因為強烈的情感經歷（例如，痛苦的經歷或創傷）會影響大腦，從而改變我們對事物的反應和價值判斷，導致大腦對某些情境或選擇產生偏見，使價值標記系統偏向於那些我們認為能夠保持安全的選項，儘管這些選擇可能不會幫助我們在當前的生活中茁壯成長。大腦的選擇性注意力會優先考慮避免受辱或批評，而非潛在的事業成功或個人情感關係的實現。

簡單來說，當你讓大腦意識到並專注於你想要的生活時，隨之而來的提高覺察將有利於你，自動將機會帶入你的生活。這不是魔法，而是因為你開始用一種新的方式看待事情，你就能看到實現夢想的可能性，這些機會可能以前遭到大腦過濾掉了。

原則三：有吸引力的渴望

積極的渴望加上強烈的情緒，能夠在現實生活中引發相對應的事件。1954 年，羅傑・班尼斯特（Roger Bannister）成為

第一位在四分鐘內跑完 1 英里的人，儘管當時專家認為這不可能實現，甚至是危險的，但班尼斯特本人相信這是可行的，而且一旦他打破這個紀錄，其他幾位選手也相繼達到目標，例如他的最強競爭對手約翰・蘭迪（John Landy）不到兩個月後也達到成就。

究竟發生了什麼改變？並不是器材或設施突然變得更好，而是因為這個成就在人們心中變成一個可以實現的目標，這讓其他運動員也開始相信自己能夠達成相同的成就。一旦大腦標記某件事是可能的，它就會改變我們的身體反應或外界的發展。

你可以把「有吸引力的渴望」（Magnetic desire）當作一種淺白的比喻，但切記，別用字面上的意義來理解它。關於樂觀主義和對改變和冒險持正面態度的文獻已表明，一個人的心態和實現目標的決心，決定其後來的行動：是否冒險、是否積極改變，以及如何與他人互動。

倫敦大學學院（UCL）的一項研究發現，在心臟病發作後，樂觀主義者更有可能採取積極的方式來改變生活：戒菸，增加水果和蔬菜的攝取量，並且改變生活方式，與悲觀者相比有顯著不同。[3] 因此，樂觀的人心臟病復發或罹患嚴重疾病的風險是顯著下降。悲觀者在第一次發病後的四年內，

再次發生嚴重心臟病的機率是樂觀者的兩倍。光只是看到改變未來的機會，對可能的結果抱持樂觀態度，就對樂觀者的未來產生巨大的影響。

事實上，無論是預期之中和意想不到的事情，都會發生在我們身上，關鍵在於我們如何應對。積極的渴望是一種心態，認為我們可以讓好事發生，這種欲望的情感強度則會驅使它朝向具體的結果。強烈的情感賦予我們新的能量和自信，將積極的願望轉變為真實，而不是停留在白日夢或徒勞的期望中。

實現你的渴望

我的「渴望成真之旅」一直是個進行中的過程，而最困難的時刻無疑成為最關鍵的轉折點。我在三十多歲時決定轉換職業，這可能是我人生中最重大的改變。我放棄在國民保健署體系（NHS）擔任醫生，離開這個龐大的組織，這個工作要求極高的精確性和責任感，不允許任何不確定性發生（這可是攸關生死），薪水不高但相當穩定。然而，我在沒有找到新工作和沒有經濟保障的情況下，選擇離開這份工作，財務收入也相當有限。我選擇從頭接受新的訓練並重新開始。多年來，我從未想過從事醫生以外的職業。

然而，在表面之下，變化已經悄然開始。在我從第一次萌生這個念頭到真正實現轉職的兩年間，我的大腦神經通路一直在發展和變化。在經歷這個轉變的過程中，我的內心積累了許多情感波動和張力，達到了關鍵的轉折點，讓我開始正視和承認自己內心的疑惑：我在職業經驗中感受到精神醫學無法提供我渴望的智力挑戰和人生價值的滿足。意識到這一點後，我更加清楚自己的目標，投入創業計劃，開始為實現自己理想的事業目標付諸行動。

我閱讀了一本名為《Working Identity》（職業身份轉變）的書，赫米尼亞・依芭拉（Herminia Ibarra）教授在書中收錄很多成功改變職業的故事，我還列出了一百種從醫之外的事情，即使其中只有一個選項是可行的，但足以啟動一系列的改變。幾個月後，我將創造成功且有意義的非醫療職業的願景轉變為目標，最終成為現實。

當我的內心愈來愈確信自己的方向，外在的自信就愈強。我尋求一些導師的建議，向他們吐露我希望成為增進人類福祉的教練，但我說這只是一個夢想，畢竟我對經營企業一無所知！儘管如此，我有一天醒來時，知道時機已經成熟了：我的大腦神經通路已達到臨界點，我在內心培養了一種強烈的願望和情感力量，兩者結合後可以實現我在生活中的

重大改變。幸運的是，我有幾千英鎊的儲蓄，並完成了我必須進行的安排。

我辭掉了工作，報名參加教練課程，當時和即將變成前夫的先生住在國外，之後我獨自回到了倫敦。2007年我的婚姻瓦解，我必須從零開始建立事業。令我措手不及的是，我的積蓄快要用完了，最初只能靠朋友推薦才獲得幾個以友情價支付的客戶。我對人脈的概念完全陌生，但因為我對經營新事業的渴望極其強烈，我開始全心投入，很快就能適應這個變化，在2008年逐步建立了一些企業客戶。我為自己設定一個目標：到2011年，我要成為一名成功的教練，擁有許多客戶和各類型的專案，包括一些演講和寫作工作。我還許下心願，要賺取比當醫生時更多的錢，這是衡量成功的一個實際標準，也能幫助我確認自己做出了正確的決定。這就是我的吸引力渴望，它吸引了與之匹配的現實事件。

在這個過程中，我不得不與父母，或跟我最好朋友的父母住在一起。當我終於開始在外租屋時，有時也不得不接受前夫的金錢資助來支付房租，這讓我覺得慚愧，對未來充滿不確定性的恐懼。有人勸我在週末當代班醫生，補貼一下銀行存款，但我堅信，任何回到醫界的行為都會讓我覺得自己失敗了，並摧毀我的信心，這是珍貴的資產。我必須堅持下

去，以強烈的成功動力作為後盾，採取全新的行動。

我和朋友喬談話時，我訴說自己對於沒有客戶和沒有錢的擔憂。她一直在電視行業擔任自由工作者，並告訴我「工作總是會出現的」。我選擇相信這一點。事實確實如此。這種信念和結果進一步增強了我的動力和決心，這正是吸引力渴望的實踐，也是一個不斷自我強化的過程。

我學會了保持彈性，對出現的機會保持開放的態度。我逐漸提高價格，開始在世界各地工作。我從單純的教練工作逐步擴展到接受收費和不收費的演講邀約。我將新技巧融入輔導工作中，並針對團隊設計了提高心理韌性的課程。我從單打獨鬥，逐漸發展到擁有一位、兩位甚至更多的團隊成員。我設定一個願景，希望演講的收入與教練工作相當。到目前為止，演講收入已經是教練工作的兩倍。

當我決定離開醫界走上新的道路時，我曾想像自己會擁有多樣化而平衡發展的未來：在日常生活中進行關於神經科學領域的閱讀、寫作、從事教練工作，同時擁有一個美麗的家，在不影響個人生活的情況下工作。我很高興地說，現在這一切已經成為現實，而且比我曾經預期的還要美好。這種新生活的獨特性真正滿足了我和我的情感需求。一旦你感受到吸引力渴望的力量，它會隨著每一次的實現不斷增強，而

你曾經夢想的一切將不再遙不可及。

原則四：耐心

儘管我們建立了純粹的意圖，也專注在想要實現的目標，但有時我們太早放棄，或是變得過度焦慮和絕望，導致整個過程無法進行下去。有個原則很重要：要享受過程。最重要的是信任過程，保持耐心並讓事情自然發展，而不是沉迷於目標和實現目標。想要以視覺化和行動板的練習來加強潛能之源，需要時間累積來改善技巧，因為你是要建立並加強大腦通路。在開始練習之前，充分理解這個基本原則非常重要。

改變態度、變得更有自信、更信任他人和更加開放嘗試新事物，這些變化需要多一點時間。在你建立新的神經通路之後，會有一個階段讓你感覺似乎什麼都沒有改變，然後突然之間，事情開始變化了，一切變得更加輕鬆。我有個朋友最近在新事業中經歷了這樣的情況。她花了幾個月的時間進行電話行銷和建立關係，就在她快要放棄時，她終於見到了成果。連接神經元和建立大腦中的新通路需要大量的努力和投入。進展看似緩慢，但隨後改變的契機就會出現，之後這

個過程及其影響會加速推進，因為要形成新的健康行為需要「臨界點效應」，一旦你到達這個轉折點，之後的事情就會變得輕鬆許多。

同樣的，學習新技能的過程需要有大量的付出和反覆練習。當你開始感覺自己「終於掌握」了某項技能，並將其轉化為一種自然而然的習慣時，這表明你的大腦通路已經達到了轉折點。

原則五：和諧

和諧的原則告訴我們，要完全發揮並獲得透過潛能之源得到的見解、力量及其賦予的各種機會，我們必須在身體和心智之間達到平衡，並且了解它們是相互連結的。人們過度依賴理性思考和分析，忽略了身體的感受和需求。這種生活方式將身體視為一個純粹的工具，只是用來從一個會議移動到另一個會議，從一段關係轉移到另一段關係，而忽視了身體與心理之間的聯繫和協調。我們需要學會更全面的在當下表達和體驗自己的身心感受，讓身體和大腦共同運作，找到平衡與內在的力量，幫助我們做出最好的選擇，並有效地調節情緒。就是為什麼正念（mindfulness）和當下（presence）是

潛能之源中重要的一部分。我們在第 14 章會詳細解說。

理解並整合來自邏輯大腦、情感大腦和直覺的訊息（也就是讓心智、身體和精神達成一致，而非彼此矛盾），是與自己和諧共處，並在這個不斷變化的世界中茁壯成長的基礎。只有這樣，我們才能信任自己的感受，並有信心去感知對自己和社群最正確和最好的選擇。要留意的是，此處所說的訊息，包括從當我們感到不安時起雞皮疙瘩，到當情況與內心最深的渴望和核心價值觀一致時感到平靜。記錄你觀察到的情況，當你選擇根據自己的直覺或身體的反應，而不是依照他人對你的期望，或群體中的常規行為來行動時，就能更清楚自己的方向和動機。

即使只是輕微偏離自己的需求（例如順從伴侶選擇度假的場所，或感覺自己有義務參加和工作有關的活動），都有可能產生隱性的情緒成本。如果你的生活中有很多這樣的妥協，會削弱你最深層的需求和目標，激起怨恨和不滿，這些負面情緒會導致壓力，身體會分泌壓力荷爾蒙（例如皮質醇），讓你處於一種受到威脅的狀態，將你推進自我保護的反應模式。這樣一來，你更難以從豐盛思維的角度來思考，也無法專注於自己的真正目標或意圖。

我們可以鍛鍊兩個系統，幫助我們獲得最深層的內在智

慧和個人力量:一個是「內感受」(interoception),就是傾聽來自身體的訊息;另一個注意「直覺」在告訴我們什麼訊息。在第 7 章和第 8 章中,我們將會進一步探討。在 Part 4 會學習如何使用日記、感謝清單和正念生活練習,來獲得這種力量。

原則六:廣泛的連結

這個概念認為,我們彼此之間和宇宙是相互聯繫的。正是這個原則支持我們培養積極、以豐盛思維思考的生活態度。

人類是群居的動物,非常需要歸屬感。從神經科學的角度來看,渴望與其他人和世界建立連結,以富有同理心和合作的方式行動,是一股強大的動力,它會刺激大腦的同理心通路。像是愛和信任等依附型情感,會觸發神經化學物質催產素和多巴胺的釋放,這些化學物質會促進情感連結和愉悅感,成為大腦獎勵系統的一部分。無數的研究顯示,擁有強烈的意義感和目標感與生活滿意度成正比。[4]

以對我們有益,並與他人和宇宙和諧共處的方式生活,比將精力集中在「對抗」他人或環境,要來得好。如果可以努力做到這一點,我們的決策不只能提升自己,還能對身邊的人帶來改善或幫助。從更宏觀的角度來說,這個原則提醒我

們,每個人都有責任關心和幫助那些脆弱和不幸的群體,而這種責任感與我們的大腦道德機制緊密相關。

這個原則的重點不僅關乎世界如何影響你,還關乎你對世界的影響。當你思考如何在生活中應用這個原則時,你可以想想甘地說過的話:「成為你想在世界上看到的改變。」

根據最新的神經可塑性研究指出,大腦在人類成年後,依然具有的驚人自我改變能力。有鑑於此,不要消極地認為環境可以決定我們的一切,或覺得自己無能為力。我們可以透過具體行動來改變自身的狀況,這對周圍的人也能產生啟發和激勵效果。例如,我們可以選擇接受輔導或治療來改善人際關係,或是要求升遷,而不是退縮或被動等待。這些改變不只影響到自己和身邊的人,還會向外延伸,對整個社會、環境保護、氣候變化,以及與自身工作和人際關係的其他領域產生正面影響。

想想有哪些事物可以激起你的熱情,什麼事情讓你充滿幹勁?選擇一件可以做的事,去貢獻自己的心力。它可以是簡單的事情,例如在家進行資源分類那樣的小事,或是每週到在地慈善機構從事幾個小時的志工服務。促進廣泛連結的其他簡單方法,包括在社群媒體上呼籲關注某些不公義的現象、定期向你關心的公益組織捐款、幫助年邁的鄰居,或是

為參加由企業贊助的體育賽事而進行訓練。

關心你的部落

我們對社群關係的需求是與生俱來的。在我們周圍的人組成了我們的「部落」（tribe），若要潛能之源茁壯成長，也須依賴他們。我們必須記住，這些連結的品質對我們的思維、情緒和行為有巨大的影響，這一點至關重要。對小孩子來說，影響力通常只來自直系親屬，但隨著我們成長，影響的範圍也會向外擴展。成年人可以自由地重新定義自己的社交圈，培養、調整，或終止不再有益的關係。就如同大腦的神經連結會根據使用頻率和重要性而強化或減弱。

心理學家和社會學家會用傳染（contagion，或作感染力）一詞來描述社交網絡對我們的影響，關於這個主題的研究也愈來愈多。研究顯示，我們周圍最親近之人的影響：從生活習慣（無論是健康或有害的），到情緒，甚至是財務狀況。例如，如果好友正面臨離婚，這會顯著增加你自己離婚的風險。[5] 類似的研究還指出，如果朋友變胖，你自己在接下來一年變胖的風險會增加 57%。[6]

加拿大卡加利（Calgary）大學霍奇斯（Hotchkiss）大腦研究中心的一個團隊，近期著重於探討壓力的傳染主題。[7] 在他們

的研究中，受到壓力的老鼠，其交配對象會產生相似的大腦神經變化，其與大腦對壓力的反應有關。即使在人類身上，我們也可以看到證據顯示，如果幾位女性共同生活或有緊密合作，兩到三個月內，其月經可能會同時來到。在相似的機制下，如果能夠控制和緩解自己的壓力，也可能降低其他人的壓力程度。

試著進行以下練習，來檢視你與那些你花最多時間相處之人的互動，對你產生什麼影響。

人際關係樹狀圖測驗

1. 在你的日記中，畫一棵有五個分支的樹，並在每個分支寫下你最親近之人的名字，可能是你的朋友、家人和同事，是目前在你生活中最重要的那些人。
2. 在每個分支寫下五個最能描述那個人的詞語。這些形容可以是正面的，也可以是負面的，應該要能夠概括這個人及其對你的意義。
3. 人們常說，我們自身就是和投注最多時間相處的五個人的綜合體。因此看看這些詞語，判斷有多少形容與你的特質相符。在那些與你自身優點相關的詞語旁標上星號，在那些與你自身的負面特質相關的詞語旁畫上 ×。

4. 思考你該如何改善 × 的部分。因為往往我們對他人最嚴苛的批評，實際上則反映了自己內心深處的恐懼或排斥的特質。

完成人際樹狀圖之後，看看它和你選出的二十五個詞語，這些特質正在不斷的影響你。這些人對你的心態造成什麼影響？你與他們的互動是否可能助長或消耗你的潛能之源？

如果你的人際關係樹狀圖充滿了負面特質，你需要採取行動來改變它。你能減少與這些人的接觸次數嗎？或者改變與他們互動的方式，來盡量減少對你的潛能之源產生負面影響？

問問自己，誰能激發出你最好的一面，誰需要離開你的生活？在你的日記中記下三個步驟，以推動這些關係朝向支持你改變的方向發展。另外，你應該挑選一個你會花更多時間與之相處，並向其學習的人；一個你會以互惠互利方式保持原來關係的人；最後，選擇一個你打算主動減少聯繫，或降低關注彼此的人，最終讓關係自然而然地淡化或消失。

這項練習以及那些微小的積極行動，會讓你感覺自己正在強化與其他人的正向能量連結。這是增強你自身能量的一個好方法。這正是吸引力法則所依賴的能量，而我們既是這

種能量的產生者，也是它的傳遞者。

　　吸引力法則的六大原則，在頂尖科學研究的重新詮釋下，將成為幫助你充分發揮潛能之源的工具。「顯化」和「有吸引力的渴望」能幫助你提升對自身需求的意識，並專注於這些需求，指導你的行動，使其成為現實。「耐心」和「和諧」有助於你堅持自己的目標，與最深層的自我保持一致。最後，「豐盛思維」和「廣泛的連結」會鼓勵你從更廣闊的世界背景下思考你的目標，考量你在其中的位置，賦予自己一種強大的使命感，能夠成為引導潛能之源的力量。使你的思維更有韌性、富有同理心，並且融合不同的想法、情感和價值觀。這種轉變會大幅提升你對自身內在力量的覺察。

2
具體想像你的願景
視覺化的力量

> 如果你不知道自己要去哪裡,那麼每條道路都不會通往任何地方。
>
> —— 亨利・季辛吉(Henry Kissinger)

奧運金牌滑雪選手琳賽・沃恩(Lindsey Vonn)每次參加大型比賽之前,總是會在腦海中想像自己在賽道的畫面:

> 我總是在比賽之前,先在腦海中模擬賽道。當我站到起點時,我在腦中已經滑行過那條賽道一百次,並且清楚想像每一次轉彎的方式……一旦我在腦中想像出整個過程,我就永遠不會忘記。所以,我會沿著正確的路線,完成我想要的那次滑行。

視覺化(Visualise,或作想像、觀想)是許多運動員使用

的技巧。從拳王阿里（Muhammad Ali），到球王老虎伍茲（Tiger Woods），都曾提到「想像具體畫面」是賽前進行心理準備的重要部分。在運動領域之外，無數名人也將其成功歸功於視覺化，例如演員阿諾‧史瓦辛格（Arnold Schwarzenegger）和歌手凱蒂‧佩芮（Katy Perry），佩芮曾被拍到與她九歲時製作的行動板合照，當中的願望包括贏得葛萊美獎都已實現。

自我肯定與描述成功的語言充滿了視覺隱喻。我們「夢想」做一些偉大的事，或者在「心靈之眼」中看到某件事情正在發生：當我們能夠更自由運用所有的感官，並且在白日夢或思緒漫遊中感到輕鬆自在時，我們就會傾向於使用更富有想像力和感性的語言，而不是只專注於理性分析和具體的實例。

想像具體畫面之所以能產生效果，是因為當我們強烈想像某個情境（包括動作），大腦在處理這些逼真的想像時，會將其視為某種程度上的真實經驗。

視覺化的科學證據

讓我們從一個簡單的例子開始：想像以左腳在地板上打拍子，當你這樣做時，就已經刺激了大腦中與實際執行該動作相同的部位。甚至有腦部掃描顯示，即使是無法移動或回

應的昏迷患者（無法移動或反應），在被要求想像走進他的客廳時，也能觸發與行走和想像相關的大腦區域。

　　令人難以置信的是，僅是想像某件事情，不只可以帶來心理上來好處，甚至還有實際上的生理效應：一件事情可以單憑想像就開始感覺真實，甚至變成真實。研究表明[①]，那些想像自己伸展肌肉的人，能夠實際提高肌力，同時刺激大腦皮質中與該動作相關的神經通路。運動心理學家岳廣（Guang Yue）在俄亥俄州的克利夫蘭診所基金會（Cleveland Clinic Foundation），要求一組測試者進行「想像運動」時，他的團隊發現，即使沒有進行任何實際活動，參與者的肌肉量也有所增加。[②] 這真是令人驚嘆！

　　有三十位年輕健康的志願者參加這項研究。第一組八人接受訓練，進行針對小指的收縮想像；第二組八人進行肘部的收縮想像；第三組八人沒有接受訓練，但他們以對照組身分參與了所有測量。最後，還有六名志願者進行實際的小指訓練，訓練持續十二週（每天十五分鐘，每週五天）。訓練結束後，第一組的小指力量增加了 35%，第二組的肘部力量提升了 13.5%（即使他們沒有進行任何實際運動）。相比之下，實際進行訓練的組別，小指力量提升 53%，什麼都沒有做的對照組在小指或肘部力量上沒有顯著變化。儘管實際運動的組別

獲得更好的效果,但「想像組」的進步仍令人振奮。

這個研究結果為運動心理學家長期以來所理解的事實,提供了有力的證據:藉由創造想要實現的事物之心理圖像(mental image),我們不僅想像具體畫面,還會將這些視覺化的畫面與相應的身體感覺結合,這樣的過程可以讓大腦和身體之間建立更強的聯繫,讓我們在實際進行這些活動時,更容易運用身體的反應,並達到預期的結果。例如,催眠治療師通常會建議,在手腕上戴一條橡皮筋,每當完成一個承諾時,就拉一下橡皮筋,輕彈產生觸覺刺激。或者,也可以在左手腕戴三條橡皮筋,當你產生一個正面的想法,或視覺化正向的結果時,就將一條橡皮筋移到右手腕,你可以在一天內完成這個過程。

將生理和心理的觸發因素結合在一起,可以同時刺激身體和大腦,產生雙重的強化作用,促進我們想要獲得的效果。我們正在為大腦進行準備工作,即使以前從未見過或做過某件事情,依舊可以識別和熟悉它。因此,具體想像自己達成某個目標或達到某個理想狀態時,大腦會變得更加敏銳,能夠辨識出與這些目標相關的機會或行為,促使我們主動追求它們,最終促使我們朝理想未來前進。

用視覺化解決特定問題也非常有效,因為它顛覆了以下

觀念：大腦會將任何新場景、人或場所視為潛在的威脅。請想像一個充滿變數的會面，例如工作面試或相親。當我們面對不熟悉或跨出舒適圈的事物時，難免會感到緊張，因為大腦會對這些陌生的情況產生反應。大腦的主要功能之一是保護我們，因此它會保持警覺，專注尋找潛在的危險，這是大腦在面對新事物或變化時的預設狀態。正如我們在第 1 章的原則一所談到的，這種狀態由「匱乏」思維主導，這是豐盛心態的敵人。

每個人面對這種情況時，都很容易受到影響，尤其在壓力大的時候。當腎上腺持續釋放愈來愈多的皮質醇，不僅對我們的健康有害，更重要的是，在這種情況下它會促使我們做出避免風險的決定。所有這些緊張、不安或對變化產生恐懼的因素，都可能會打擊我們的自尊心，同時也會削弱我們面對這些情況時所依賴的信念系統（belief systems），進一步影響表現和適應新情境的能力。

然而，如果我們提前想像某個特定的事件或情況，實際上是讓大腦誤以為我們已經熟悉了這個事件或挑戰，大腦就會降低不信任感，以豐盛心態來承擔風險，使我們能夠制定經過深思熟慮的決策，並且把握機會。

我建議人們使用視覺化技巧來準備特定活動（例如參加

面試、發表演講或贏得比賽），他們會在腦海中想像這個事件的每個細節。包含想像當天自己的穿著（想像低頭看到腳上的鞋子，以及身上的衣服）、與哪個人見面（想像人海中的面孔，或是對方對你的演講或面試的反應）、在哪裡進行這個活動。需要在腦海中完整模擬整個過程，並確保以正面結果收尾。

如果他們曾到過當天的場地，可以更具體想像自己在那裡的情景。如果沒有去過，也可以在網路上搜尋或在活動前實地查看，讓大腦更熟悉這個地點。這和你開車出遠門之前會先在地圖或手機上查看路線並無不同。面對不熟悉的路線，我們肯定會先做好準備；但對於重要事件，我們卻往往認為不必這麼大費周章。

雖然這種形式的視覺化確實有助於應對單一的高壓事件，但在本書中，我們會將視覺化的力量提升到新的層次，利用它來為人生建立長遠的願景，並探討其背後的神經科學原理。

運用視覺化創造你的未來

視覺化幫助我們利用吸引力法則，並以豐盛和樂觀的態

度採取行動。視覺化的原理是提高我們的意識,將注意力集中在我們最想要的事物上,並克服大腦對新情境或困難情況的自我保護傾向。此外,視覺化與大腦的兩種特殊功能密切相關:抽象思維能力(abstraction)和感官整合能力(sensory integration)。

抽象思維能力

抽象思維是大腦能夠建構不存在或不明確事物的能力,它讓人們能夠想像可能性、看到之前不明顯的模式,並且將不同的線索連結起來。從天體物理學等抽象概念到語言的創造性使用(如詩歌),抽象思維是邏輯思維的對立面,它不受限於固定的結論,需要創造力和想像力。

抽象思維的特色是在面對某種情況時,會提出各種假設,並將問題分解成可解決的小部分,找出新的方法。它幫助我們辨識行為模式,並且調整應對策略,找到前進的新方法,想像尚未發生的事情。例如,想像一個未來的假期:地點、活動、和哪些人在一起。雖然目前可能只是想像,但我們可以結合記憶與知識,運用靈活的思維方式,像真實存在一樣清晰的描繪它。

大腦中有許多複雜的神經網絡,而其中的兩個核心網

絡是「預設網絡」（default network）和「控制網絡」（control network）。預設網絡使我們能以抽象的方式思考，當我們在日常生活中進行邏輯和功能性思考時，可能過於專注於細節，容易忽略更宏大的願景，大腦預設網絡提供的抽象思維成為理想的平衡機制。像是隨意的閒晃，做做白日夢、單純為了休閒而閱讀等活動，都會刺激大腦的預設網絡。當預設網絡運作良好時，更容易觸發靈感，讓我們能夠自由想像，善用自己的情緒智商和直覺。也許，這就是為什麼我們度假回來後，都能以新的視角面對困擾已久的情況，或是可以下定決心讓生活走上大膽的新方向。這種休息幫助我們想像新的可能性，並為舊問題提供新的解決方案。接下來，我們需要付諸行動。

但是，我們的邏輯大腦習慣於「永遠上線」模式。與預設網絡相對的是大腦的控制網絡，這是一系列負責專注執行任務和分析思維的路徑。因此如果想讓大腦放鬆、自由聯想，並進入我們都渴望的創意時刻時，我們需要關閉控制網絡。

視覺化是一種非常有效的方法，能幫助我們從邏輯主導的模式中解放，進入更抽象和靈活的思維方式。這個過程是將所有感官融入視覺化的概念中，以充分利用大腦與身體之間的連結。我常常請人們告訴我，他們理想的願景是什麼樣

子,它聽起來如何,甚至感覺起來、聞起來,以及嚐起來如何,使我們能夠全面擁抱生活中未知且未曾探索的部分。

本書將幫助你識別那些老舊僵化的思考方式,其主導著你的思維模式。書中的練習,特別是 Part4,旨在將這些你未曾察覺的思維和行為模式,轉變成你能夠察覺的意識層面,並讓你能夠挑戰它們。如此一來,你就能夠選擇新的、更有滿足感的有效行為,從而幫助你發展和前進。

感官整合能力

大腦透過從外界接收的大量感官數據,創造出我們所認知的現實。隨後,這些訊息會觸發特定記憶,使我們透過抽象化的方式,將這些感官刺激與過去經歷過的事件聯結起來。氣味通常是記憶中最強烈的刺激,無論是愉快或令人厭惡的記憶,但所有感官都以類似的方式與記憶互動。因此,我們可以利用感官連結,連接到豐盛、契機、一段充實關係的相關回憶,為成功做好準備。

練習提高自我覺察

當我使用視覺化技巧時,我鼓勵人們不僅要視覺化,

還要感受他們所想像的一切。視覺化應該運用我們所有的感官，進入一種想像到和感受到的體驗中。藉由創造你想像的感覺、聲音和氣味，以及視覺畫面，你將能夠喚起完整的感官體驗。

以下是一個簡單的視覺化練習，可以有效幫助你辨識內在最積極和最消極的心理狀態。

積極的你

任何有意義的個人成長，都始於對自己的高度覺察，而這個練習的目的是提高你的自我覺察。在日記中的兩頁畫出以下的表格，並重複畫兩次，按照所示分成四個象限。

身體	心理
情緒	精神

「身體」（physical）是指你身體感受到的狀態；「心理」（mental）與你的思維活動有關；「情緒」（emotional）就是你的感受；而「精神」（spiritual）是你內心深處的感覺，關乎你對生命意義、目的，以及你在這個世界上的定位和角色。接

下來，你將透過喚起過去的記憶，來重新想像所有這些想法和感受。一次是回憶你感到非常負面、壓力大或不快樂的時候，另一次則是你自信、快樂和滿足的情境。這應該會激發你在發生事情時所感受到的相同情緒。

1. 首先，回想你感到非常緊張，自信心低落或事情不順利的時刻。你可能還記得某次面臨裁員危機或與伴侶分手的時候，也可能是你處於低潮期，或是一場進展不順利的會議與對話。
2. 閉上眼睛，讓自己沉浸在這段記憶中一分鐘（以手機計時，確保不超過一分鐘）。花點時間回想事發時的聲音和景象，例如你當時的穿著、和誰在一起等細節。
3. 當一分鐘結束時，睜開眼睛，立刻在四個象限中記錄下來。在「身體」象限中，你可能會寫出「疲憊不堪，肌肉僵硬」；在「心理」那欄，你可能會寫「思緒紛飛」和「為什麼是我？」；在「情緒」的欄位，你可能會寫「悲傷、憤怒、丟臉」；在「精神」一欄可能會寫「迷失」或「失去連結」。
4. 接下來，回憶一次你感到快樂、自信且生活美好的時光。閉上眼睛，像之前一樣沉浸在這段記憶中一分鐘，

並計時。你可能會想起你的婚禮,或是某次重要的生日派對,身邊圍繞了朋友和家人,感覺生活充滿希望。這在身體、心理、情緒和精神上如何顯現?

5. 在第二頁的每個象限(共四個象限)中記錄下來。
6. 現在,比較兩組筆記。哪些事情令你驚訝,哪些事情非常明顯?兩組記錄之間的相同點和不同點又是什麼?沒有正確或錯誤的答案。檢視對你而言有意義的內容,並利用這些發現,學習如何從某個象限相關的行動,將自己從停滯的狀態轉變為自信的狀態。這可能是一種在特定情境中表現出來的肢體動作、回想自己感覺穩定的回憶,或是與你當時的心態相關的行為。

每當我進行這個練習時,「身體」象限的差異最為明顯。這是因為當我情緒低落時,會避免眼神接觸,不太微笑,姿態會變得畏縮。

你可以做些什麼,把糟糕的一天變成美好的一天?或者,讓自己在困難時刻轉變為最好的自己?將答案寫在你的日記中,並留意雜誌中的圖片,找出能夠代表你積極正面自我的圖像,將其放到你的行動板上。

如果我發現改變思維模式、調節情緒或提升精神狀態太

過困難，至少我知道可以抬起下巴，挺直肩膀，與人保持良好的眼神接觸，並微笑。

在本週內，目標是隨時對自己保持積極鼓勵的態度。讚美能夠激發大腦中與愛、信任、喜悅、興奮相關的情緒迴路，這與催產素荷爾蒙有關，使我們對他人和自己感到溫暖。當我們養成這樣的思考習慣時，更有可能以豐盛思維行事，並且了解其他人的成功並不會削弱我們自己的成就。

另一方面，自我批評和負面情緒會激發與恐懼、憤怒、厭惡、羞恥和悲傷等情緒相關的生存迴路。這使我們的觀點傾向匱乏的心態，更有可能陷在現狀之中而無法改變，害怕冒險可能會導致進一步的「懲罰」。

請思考，你的大腦究竟花了多少時間在「重溫」過去的困難或愉快時光，這些想像會如何影響你的心態和決策。下定決心更有意識的培養和保持積極的心態，並考慮如何讓正向的視覺化成為一種日常習慣。你可以嘗試每天花兩到三分鐘，用上述練習來想像自己自信的樣子，如果你享受這個過程並覺得有所收穫，可以逐漸增加到五～十分鐘，甚至更多。這種練習的成果會令你感到驚訝，包括你與他人的互動方式，以及他們給予的回應。

視覺化不只是創造你想要的畫面，還包括想像如果你身處這樣的情景之中會有什麼感覺。一切從口中的味道開始（成功的滋味），在你周圍的氣味（新家剛粉刷的油漆味、與某些職業相關的食物氣味，以及在特殊場合中你最喜愛的香水氣味），你所聽到的聲音（掌聲、道賀、音樂），以及最重要的是，你實現這一切時身體的實際感受（幸福或自信的感覺究竟是什麼樣子），這一切都是視覺化的重要成分。

　　我們愈常練習這個過程，注意力會變得更加敏銳，更容易察覺到當理想情境正在實現時的跡象，或者那些能幫助我們朝向理想目標邁進的事情。例如，或許可以使用一種特定的精油來伴隨你想像具體畫面或徜徉思緒的時間。結合上述和第 14 章的練習，能幫助你運用所有感官的力量。你的感官會變得更加敏銳，能夠捕捉到實現目標的線索。同時，這些練習會幫助你整合大腦迴路和相應的思維模式，從而將理想變為現實。

PART 2
可塑造的大腦神經通路

3

神奇的大腦

潛能之源的起源

人們常說：我們目前對外太空的了解，比對大腦的理解還多；我們對圍繞地球的數十億光年之遠的不明物質，也比對大腦中 1.5 公斤細胞的運作方式更了解許多。然而，我們的大腦由數十億個活躍的神經元所組成，擁有無窮的潛能。過去十多年來，我們對神經科學的認識大幅提升，其中最令人興奮的新發現，就是關於大腦的變化、專注力，以及大腦對特定行為因應方式的新知識。隨著神經科學在過去十多年中的快速進步，研究顯示大腦具有非常顯著的可塑性，並且可以透過專注的努力與具有針對性的練習來改變。

愈了解大腦在生理層面如何運作，就愈能釋放內在的潛能。潛能之源中所蘊藏的力量相當重要，並且能夠帶來深遠的改變，它幫助我們實現最深的渴望，建立健康、互惠的關

係,以及規劃未來。

新的科學證據

就在不久以前,傳統觀點認為,一旦身體停止成長,大腦也就完全定型。我們曾認為,成人的中樞神經系統(CNS)不會再生成新的神經元,因此我們的個性和潛能也將終身定型,不再有變化。

長期以來,我們知道,假如手臂或腿部的神經遭切斷是可以再生的,但腦神經或脊髓卻無法再生。既有的理解是,儘管成年人可以繼續學習、吸收資訊和記憶,並且精進技能,甚至改變想法,但從更深層的生理層面改變大腦卻是不可能的。

現代神經科學和腦部掃描技術的問世,徹底推翻了這種理論。現在我們知道:成人的中樞神經系統中發現的胚胎期神經細胞,大多出現在海馬迴(hippocampus,海馬迴正是大腦生成和儲存新記憶的區域,所以這一點很合理)。即使這些細胞是否在大腦其他區域出現和生長仍有待商榷,但這種可能性已愈來愈高。我們正處於啟蒙時代,不斷發現關於大腦及其非凡運作過程的新知識,大腦本身以及我們過去以為已經

了解的一切，事實證明並不是一成不變的。

費尼斯‧蓋吉（Phineas Gage）是一名十九世紀中葉的加州鐵路工人。他遭受工傷事故以後的經歷，大幅改變了我們對大腦的認知，成為神經科學領域最著名的故事之一。蓋吉是一名領班，負責指揮一群工人挖掘鐵路基床。他以一根鐵棒將炸藥推進石壁上的縫隙裡時，炸藥意外提前引爆。那根長達一公尺的鐵棒穿過蓋吉的頰骨和腦部，從他的頭蓋骨後方穿出，掉落在他後方幾公尺處，破壞了大腦左額葉的大部分區域。令人難以置信的是，他竟然奇蹟般地存活了下來。

他康復之後，性情大變，以至於朋友們都表示他「已經不再是蓋吉了」。鐵路公司也因為他令人震驚的行為和失去自制力的表現，拒絕讓他回到原來的工作崗位。對蓋吉生命最後十二年的行為觀察，讓醫生和科學家們能夠研究大腦在遭受生理創傷後的反應。

蓋吉的故事成為第一個真正揭示大腦如何管理行為、決定個性，以及控制洞察力的案例。蓋吉經歷了嚴重的性格改變，無法制定計畫或克制衝動，由此推論出一個日後得到證實的想法：前額葉皮質（PFC）對於控制衝動與預測規劃未來至關重要。

如今，我們已經知道了幾年前，甚至在蓋吉時代無法想

像的事情。過去二十年來，隨著先進腦部掃描技術的出現，我們開始理解大腦及其神經通路的功能。我將帶你探索大腦，從它是如何發展和組織的，一直到它如何調節我們所經歷的一切。這正是讓你成為「你」的原因，也是潛能之源的起源。

不可思議的大腦結構

我們的中樞神經系統從出生時即開始發育，一路到生命的終點為止。它是由下列結構所組成的：

- 大腦皮質：這是大腦的皺褶表面，通常認為是大腦的主要部分。
- 腦幹：連結大腦與脊髓。
- 小腦：位於大腦後方，主要負責運動與協調。

這些部分共同運作，就像一組有八百六十億片的 3D 拼圖，完美的相互連結。在人類大腦中，每一片拼圖代表著人類大腦中的一個神經元。

神經元（亦稱神經細胞）使我們能夠從身體各部位及感官中傳遞和解釋訊息，並協調運動、行為、溝通和思考。神經

人類的大腦

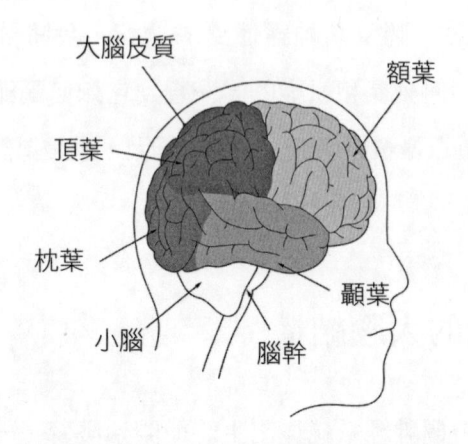

大腦皮質
額葉
頂葉
枕葉
顳葉
小腦
腦幹

元藉由神經通路在大腦和內部各區域傳遞電訊號、包括我們看到、聽到和感受到的感覺,以及我們對冷熱、觸覺,以及情感的反應。

神經元是非常迷人的。它們看起來有點像樹木:有樹幹,稱為軸突(axon);有樹枝,稱為樹突(dendrites),能夠接收來自其他神經元的訊息;還有樹根,稱為軸突末梢(axon terminals),將訊息以電訊號的形式傳送給其他神經元。訊息以電脈衝的形式在神經元的根部傳遞,觸發神經末梢釋放一種名為神經傳導物質(neurotransmitter)的化學物質,該物質跨越神經元之間的間隙(稱為突觸,synapse),並將訊號傳遞到下一個神經元。

神經傳導物質會由另一個神經元的樹枝（branches）接收，促使該神經元的神經末梢傳遞新的電脈衝（electrical impulse），並以這種方式讓訊息從一個神經元傳遞到另一個神經元。

每一個神經元皆勤奮工作，每秒鐘能夠傳輸一千個神經訊號，並和其他神經元建立多達一萬個連結。我們現在已經知道：隨著我們成長並改變大腦來回應我們所經歷的一切，新的和現有的神經元可以建立更多的連結，這一過程可持續

▌大腦中的神經元（神經細胞）

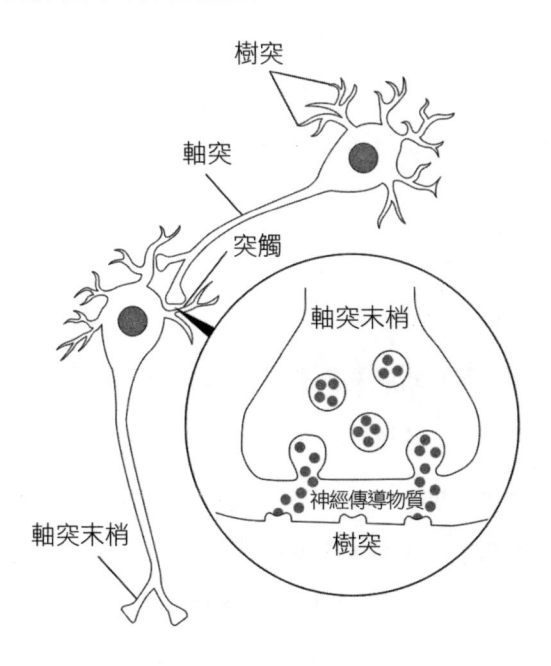

到成年。所有思想都是來自這些化學物質和電訊號。我們建立的連結愈多，愈能解鎖潛能之源。

即使我們處於熟睡狀態，大腦的訊號也不斷以不同的組織或排列方式同時發生，大腦隨時都在處理訊息。事實上，當我們熟睡時，我們在建立新的神經通路、創建新的神經連結，並生長細胞，這一切都是為了處理我們在清醒時經歷的世界，並在此基礎上不斷改善我們對當日事件的反應。隨著大腦的變化，我們會更加成熟和有經驗。當大腦中的神經通路隨著時間的推移和反覆使用變得更強大、更穩固時，其將逐漸轉化為習慣和行為模式。對於這些模式，我們可能有所自覺，也可能絲毫不察。所謂的「神經可塑性」意味著：即使我們已經成年，仍然可以改變和調整這些已經形成的習慣和行為模式。

大腦的生成

神經系統發育的最初期跡象，大約在受孕後三週，這一過程發生在子宮的胚胎中。胚胎細胞生成、展開並摺疊，形成神經管（neural tube）。神經管的一端會發展成大腦，另一端則會發展為脊髓。這項極其複雜且精妙的過程是由 DNA 所引導，在我們出生時決定我們將是什麼樣的人。

每一個微小的人類生命從進入世界的那一刻起，就如奇蹟一般。出生後所發生的每件事情，尤其是在前兩年，大腦快速發展，我們學會走路和說話，都是那樣令人難以置信。嬰兒的大腦在出生後的前幾週每天大約增長 1%。總體來說，腦容量在前三個月增長約 64%（從約成人腦容量的三分之一增加到一半以上）。

　　小腦位於頸部後方靠近後腦的位置，主掌行動力與平衡感。它是早期發展中發育最快的區域，在生命的前三個月內增長超過兩倍。[1] 當小腦受到干擾時，我們可以觀察到一些行為表現的變化。例如從酒醉的人身上就能看出小腦受到影響的結果，走路搖晃、行動笨拙，容易跌倒，就像個小孩。這是因為酒精會顯著影響小腦的運作。

　　嬰兒大腦的發展，充分反映人類的大腦在數千年中演化的過程。大腦皮質的摺疊處增長速度和方式並不相同，取決於生命最初階段最重要的事物。這些摺疊區分為兩個半球：左腦與右腦（以前人們堅信這與人類大腦的功能有極大關聯，稍後還會再詳述）。

　　由大腦皮質構成的每個半球，包括四個明確的區域（或額葉）：

1. 額葉（frontal lobes）控制我們的推理、規劃、解決問題的能力，以及短期記憶儲存和行動能力。
2. 枕葉（occipital lobes）處理雙眼接收的資訊，並將其與大腦中已儲存的資訊連結起來。
3. 顳葉（temporal lobes）處理來自耳朵、鼻子和口腔的知覺訊息，同時主掌記憶儲存。
4. 頂葉（parietal lobes）牽涉來自耳朵、鼻子與觸覺的資訊。

整體來說，大腦中具有視覺、聽覺，甚至語言中心，但所有功能都依賴錯綜複雜的大腦網絡同時運作。就像指紋一樣，每個人大腦中各種功能的分布和運作方式都是獨特的且不斷改變。

聯合區（association areas）是大腦皮質的一部分，這些區域與運動或感覺無直接關聯，主要功能是負責更複雜的感官訊息處理，以及對世界的認知和意識。聯合區是以複雜的網絡結構協同工作，遍及大腦各個部分，包括頭部後方的顳葉、頂葉和枕葉區域，還有位於前額的前額葉區域。前額葉皮質位於皮質區和頭部的最前端，掌管邏輯與創造力。這些聯合區共同作用，完成複雜的認知功能。

隨著人類演化，前額葉皮質的面積增大，其與目標設

定、對外界的反應、冒險行為,以及努力朝著目標前進的能力有關,就是我們所謂的高層次思考或執行功能。當前額葉皮質無法良好運作時,我們會更容易分心、健忘、控制力差、不專心,情緒不穩定。我們會維持大腦中既有的敘事,並傾向於繼續重複過去的行為模式,即使周圍的環境已經發生變化。這聽起來是不是很熟悉?

當大腦發揮最佳效能時,能夠高效處理複雜的思考過程,其中之一就是可以考慮對立的觀點,並從中提出新的解決方案和回應。每個人都能透過全腦思維,來發展這種能力。我們可以透過聯合區皮質整合感官,利用抽象思維能力辨識出不明顯的模式。當潛能之源充分運作之時,能夠在最佳狀態下發揮潛力,為新連結的發展創造出空間,讓大腦的不同部分協同合作,從而達到橫向和整體性的整合。這樣一來,創意思維將能自由發展,而不是遭到自動駕駛模式壓制。

嬰兒大腦最初的高成長區域主要集中在語言發展和心智能力(額葉和頂葉的一部分)。在我們出生時,處理視覺訊息的區域已經相對發展成熟,因此小嬰孩能夠辨識自己的父母,並且建立情感聯繫。[②] 至於像是信任、愛與適應力這類較為抽象的能力,則是受到環境與人際關係的影響。這些能力的發展需要更長的時間,通常到青春期時才會較為穩定,因

為這些技能對嬰兒的最初生存並沒有那麼關鍵。

神經通路在童年時期連接大腦的不同區域，並在這期間逐漸發展和加強，特別是在嬰幼兒快速學習行走與說話的十二～二十四個月期間。進入青春期時，大腦會藉由「修剪」來清除不常用或未使用的神經通路，從而優化和精簡其功能，為社交互動、生存和繁衍所需的生活技能做好準備。

脊髓負責連接大腦與身體，感覺訊息（sensory information）從身體向上傳遞至大腦，而運動訊息則從大腦向下傳遞至身體，猶如一條雙向的訊息高速公路。大腦皮質中負責運動和感覺的部分密切相關，是大腦敏捷模式（brain agility model）中實現身體協調能力的關鍵。脊髓的作用使我們能夠接收來自身體的訊息並產生反應，從而促進大腦與身體的雙向連結，更有效運用「大腦－身體」互動的能力。我們會在第7章中詳細探討這項關鍵能力。

邊緣系統

邊緣系統（limbic system，limbic 一詞來源於拉丁語，意指邊界或邊緣）深藏於大腦內部，約有拳頭大小，屬於大腦中更原始的情感與直覺部分，是潛意識的習慣與行為模式的所在。這是我們是否能夠充分發揮潛能之源的關鍵。邊緣系

統主要與行為、情緒、動機與長期記憶的形成有關,其主要結構包括杏仁核(amygdala)、下丘腦(hypothalamus)、丘腦(thalamus)和基底神經節(basal ganglia)。

關於邊緣系統仍存在爭議,因為隨著神經科學的進步,其界定已經過多次重新定義。雖然邊緣系統的結構與情感有密切關聯,但大腦應視為一個整體,情感並非孤立存在,而是與其他功能相互影響。正如我們將在後文討論的,掌控情感是開啟潛能之源的關鍵,特別是在現代社會中,情感和直覺的力量往往因為過度重視邏輯和分析,而遭到排斥。我們在制定決策和衡量成功時,過於偏重邏輯,這樣的偏見經常忽略了我們最深層的渴望與需求。就像邊緣系統的爭議一樣,管理情感和大腦整合的重要性,將比邏輯和社會普遍認為成功的標準更為關鍵,從而釋放出真正的潛力。當你讀完這本書後,你將會明白這一點。

邊緣系統處理來自大腦皮質的資訊,並將這些訊息傳送到下丘腦與前額葉皮質,形成一個重要的樞紐,藉由模式辨認(pattern recognition)的方式解釋當下情境,並將情感、邏輯和直覺的資訊整合在一起,協助我們決定如何應對。包括從較簡單的「我的寶寶在哭,也許她餓了」,到更複雜或情緒化的「這些不安與猜疑,也許意謂著這段感情即將結束」,我們

對事情的反應皆來自於此。

　　杏仁核是由一對細胞群（左右腦各一個）組成，它們是情感反應的核心，特別是恐懼和焦慮等負面情感，杏仁核將特定行為對我們的影響與任何觸發因素連結起來，並啟動相應的行為反應。儘管長期記憶儲存在大腦皮質更深處，但海馬迴內部的神經元具有高度的可塑性和成長潛能，這對短期記憶和情緒調節非常重要。

　　下丘腦位於大腦深處，負責接收來自視網膜、荷爾蒙濃度、血液中的水鹽平衡度與體溫等資訊，其最重要的功能之一，使藉由腦下垂體連結神經系統和內分泌系統，強化大腦與身體之間的連繫。下丘腦將這些資訊傳送到體內，與松果腺共同調節人體的生理時鐘，決定我們的睡眠和清醒的模式。

　　耐人尋味的是，十七世紀著名的科學家暨哲學家笛卡兒認為松果腺是「靈魂的位置所在」，即使他的多數理論現在已證明有誤，但人們仍然常將松果腺連結到印度教與道教中的「第三隻眼」（third eye，心靈或內在之眼）。第三隻眼象徵著潛意識，據說能讓人與直覺彼此連結，據說瑜伽、冥想和氣功等其他靈性修練，都能使「第三隻眼」變得更加強大。

　　最後，在邊緣系統中，基底神經節位於腦幹的細胞網絡，過去我們認為它主要與自主運動有關，例如帕金森氏症

與亨丁頓舞蹈症等慢性神經退化疾病的患者，在基底神經節會產生病變。後來的研究發現，基底神經節不僅與運動有關，它還對我們的動機和行為（無論是心理上或生理上）有著重要作用。開啟潛能之源的另一個關鍵，就是充分利用基底神經節的潛能，支持我們積極行動以獲得自己想要的回報，幫助我們擺脫冷漠和惰性。我們會持續到健身房鍛鍊以保持身形、努力不懈的學習以獲得升職機會，都是這樣的動力在背後推動。

大腦的化學反應

我們大腦中各種化學物質的濃度必須保持平衡，才能讓身體與大腦和諧運作，一旦失衡可能對我們的行為與情緒產生嚴重影響。在極端的情況下，多巴胺（dopamine）濃度失衡可能導致精神分裂症，血清素濃度失衡則是憂鬱症與躁鬱症的根本原因。

神經傳導物質是位於神經元末梢的化學物質，它負責把電訊號傳遞到下一個神經元的受體上，並在大腦中形成神經通路。大腦的神經傳導物質可分為多種不同類型，但對潛能之源而言，最重要的是那些與我們行為最密切相關的物質。

多巴胺是最常與喜悅與獎勵連結的神經傳導物質，也

與運動功能有關。它讓我們渴望巧克力、美酒和戀愛時的興奮感。不幸的是，它也與一些極端的行為相關，例如毒品成癮、過度消費或暴飲暴食。這些行為的核心是對獎賞和快樂感的強烈追求。血清素（serotonin）常被稱為「快樂荷爾蒙」，與調節情緒和平衡焦慮有極大關連。催產素（oxytocin）則影響分娩時的子宮收縮、哺乳、擁抱、愛、信任和連結。

此外，還有我們都曾聽說過的腦內啡，它是構成強烈興奮感的神經傳導物質，也就是我們所說的「腦內啡暴衝」。無論是贏得一場競賽，或享受美好的性生活。腦內啡飆升可能來自運動、壓力、恐懼或疼痛的刺激，因為大腦會試圖緩解我們對疼痛的感知。

因為這些神經傳導物質的濃度，與我們的情緒、動機與驅動力直接相關，所以我們可以透過調整思維方式和照顧身體，重新掌控自己的生理狀態，而不是完全受制於這些化學物質的濃度、供應、品質與流動性。潛能之源會幫助我們學習如何以豐盛心態思考、保持微笑直到我們感到快樂、藉由運動改善心情、學會延遲享樂、藉由冥想緩解焦慮等。

開發潛能之源的關鍵在於，啟動每條神經傳導途徑，發揮作用，使其處於活躍狀態，同時確保它們之間的相互協調運作。藉由持續接收訊息的回饋，以隨時調整神經傳導物質

的濃度和每條通路的輸出。這樣有助於追求我們制定和追求目標，進行全面的推理，包括所有思維方式（尤其是情感與理性），以及評估風險。在理想的狀況下，大腦的運作處於穩定的平衡狀態，也達到了最佳效能，我們既能保持冷靜，又能快速應對變化，充滿目標感，且能敏銳洞察事物。我們自身便具備了成長與平衡的最佳條件與要素。

在本書 Part 3 與 Part 4 解鎖全腦潛能的四步驟計畫中，將情緒與邏輯的平衡視為關鍵目標。這兩者是相輔相成、一體兩面的。我們所有的決策都受到情感的影響，而大腦邊緣系統中的情感衝動則受到前額葉皮質（PFC）理性思維的制約。我們將在 Part 3 更詳盡探討這些細節：情緒與邏輯代表著大腦敏捷性的兩個極端，如同陰陽一般。當它處於完美平衡時，我們能夠理性思考，同時適當處理情感。但當我們處於壓力狀態時，會失去這種平衡感，決策變得非理性和不穩定，可能在邏輯與情感之間劇烈擺盪，或者完全偏向其中一方。否認自己或他人的情感，試圖以邏輯來解釋和應對一切，或者遭到情感主導，以至於無法進行客觀或理智的決定。

五個照護大腦的原則

現代生活的各種要求,常常讓大腦處於一種持續不堪重負和壓力的狀態,因此大腦必須保持專注且提升效率,才能將潛能之源的效能最大化。改變生活方式,包括飲食內容、每晚的睡眠時數到運動量,都可以帶來巨大的漸進式改善。

我們總是假設大腦擁有完成工作所需的一切,並期望它能自動運作。但我們對待大腦的方式,遠不如對待汽車那樣細心;對於汽車,我們會確保定期保養,如果有任何異狀,還會立刻送修。那麼,為什麼我們會認為大腦在過度疲勞、飲食不佳、處於壓力沉重的工作環境,並且缺乏規律休息的情況下,仍能保持最佳效能,還能協助我們做出最佳的判斷?或者在我們一天中大部分時間只是恍神或注意力不集中時,大腦還能持續高效運作?

當我們開始認識這個令人驚嘆的大腦,以及其引導我們未來的能力時,先快速回顧我們為什麼要照護大腦,以及如何提供這些照護。

充足的休息

對大多數成年人而言,最佳的睡眠時間為每晚七〜八小

時,如果少於這個時間,對 98% ～ 99% 的人來說,這種睡眠模式是無法長期持續的,會對大腦和身體造成不利影響。[3] 長期缺乏睡眠會提高罹患阿茲海默症、肥胖和糖尿病等疾病的風險。睡眠不足與失智症之間的關聯是因為大腦有一個名為「膠淋巴系統」(glymphatic system) 的清潔功能,需要七～八小時來清除大腦中的毒素。這些毒素會隨著時間累積,來自如壓力和酒精等氧化過程,並可能導致失智症的症狀。這顯示睡眠不足對潛能之源的運作有長期影響,對大腦的即時影響也同樣頗具殺傷力。如果你想充分發揮大腦的潛能,就不能忽視睡眠。整夜失眠已證明會影響智商。[4] 側臥姿勢是最有效的清潔大腦睡姿,可以試著往左側或右側躺,而不是仰臥或俯臥。[5] 睡眠不足也會導致大腦的「反應」愈來愈強,意謂著這些反應更可能來自大腦較原始的區域,而非來自較具邏輯性的前額葉皮質。經過充分休息的大腦可以制定更好的決策,對外在刺激產生更迅速的反應,而且可以加強記憶。當你充分休息後,你會發現更容易管理自己的情緒和心情。

YouTube 上有許多睡前的冥想 (meditations) 錄音,例如瑜伽睡眠 (yoga nidra) 或心靈睡眠 (psychic sleep)。南加大和加州大學進行的研究發現,58% 的失眠受試者在定期冥想後,睡眠品質顯著改善。研究結束時,91% 的受試者能減少或停止使

用安眠藥。[6]

你可以採取下列做法，提升睡眠品質：

◆ 盡量每晚睡足七～九小時。
◆ 建立能使你放鬆的睡前習慣，在就寢前一小時避免使用手機或電腦。
◆ 藉由睡前冥想或視覺化技巧，幫助自己入睡。

補充能量

我們的大腦僅佔體重的 2%，但消耗我們所攝取的 20%～30% 能量，而且無法儲存燃料以備後用。研究顯示，處於飢餓狀態會顯著影響決策，無論是重大事件或是日常生活中的決定。例如，法官在一天中的早上或午餐後，更有可能批准假釋，因為此時他們的精力充沛且不感到飢餓。一項研究探討以色列法官們的一千多個判決，發現用餐後最先審理的前三個案件中囚犯，比起最後審理的三個囚犯，更有可能遭釋放，機率高達六倍。[7]

保持健康均衡的飲食、富含蛋白質，搭配一些全穀類（因為它們含有構成細胞的所有必需氨基酸）以及「好脂肪」（如椰子油、富含健康脂肪的魚類和酪梨），再加上富含維生素和

礦物質的蔬菜，對大腦會產生重大的影響。反過來說，**攝取過多高度加工的食品（例如蛋糕、餅乾和其他速食食品）、大量糖分與過過量飽和脂肪（尤其是反式脂肪）則會對大腦造成傷害**，增加罹患失智症和各種情緒障礙的風險。

當我們更了解營養素對大腦的影響，飲食對於促進大腦健康和提升大腦功能就更加關鍵。嘗試以下方法來提升你的腦力：

◆ 每星期的多數日子中，請食用一茶匙椰子油。
◆ 減少加工食品的**攝取**，增加食用鮭魚和酪梨。
◆ 減少糖果零食的**攝取**，改為食用堅果和種子。
◆ 增加**攝取**綠色蔬菜，例如菠菜和花椰菜。

補充水分

大腦大約由 78% 的水組成，因此大腦功能與身體的水分攝取程度有直接關係。一旦水分降低 1%～3%，就可能對專注力、注意力和記憶力產生負面影響。這就是每個小孩必須在書包裡帶一瓶水的原因，而成年人也應該如此。

我們需要藉由水來促進重要的生理機能，例如潤滑關節、將營養物質與氧氣輸送到細胞內。如果飲水量不足，身

▋益智藥有效用嗎？

益智藥（Nootropics）是能夠提升大腦認知功能的藥物，有人稱為「聰明藥物」。多年來，學生和商業人士為了延長工作時間並提高工作效率，會大量使用咖啡因，現在有些人則會服用專門治療注意力缺失過動症（ADD）、失智症或嗜睡症的藥物，以增強表現。

雖然沒有或幾乎沒有證據顯示這些藥物能夠提升認知能力，唯一的依據是它們能夠增加清醒程度。正如我擔任神經科學教授的朋友所說：「益智藥有點像威而鋼……它們也許能讓你的表現暫時提升，但無法拯救你的婚姻！」這些藥物並不會「改善」你的大腦。

體就無法執行基本功能，而最先遭到削弱的區域就是專注力和記憶力，因為大腦不會將其優先視為生存的必要條件。但在現代社會中，記憶力與注意力卻是至關重要的。

2015年的研究發現：脫水對注意力與反應能力的負面影響，類似於血液酒精濃度達到法定酒駕限值的情況。[8]研究顯示：每小時只喝一小口水（二十五毫升）的駕駛，其犯錯次數是適量飲水的駕駛的兩倍。一項由兩所大學在2013年進行的

研究發現：進行心智測驗的受試者先喝一品脫的水（約五百毫升），其反應時間比測試前未飲水者快 14%。[9] 如果你想知道每天足夠的喝水量是多少，可以用自己的體重來計算，每十五公斤約要喝半公升的水。

如果你感到口渴或嘴唇乾裂，代表你的身體的脫水程度已超過 3% 以上，就像汽車水箱沒有補水一樣，在缺水的環境下，大腦無法傳遞必要的化學物質和電訊號。確保你做到以下幾點：

◆ 觀察自己一天中的口渴程度。如果你發現自己感到口渴，就代表你已經脫水。目標是透過定期小口飲水來避免口渴。

◆ 買一個可以重複使用的水瓶（選擇不含雙酚 A 的材質），隨時保持裝滿水的狀態，並且隨身攜帶。

◆ 將含咖啡因的飲品換成水或草本茶，特別是如果你一天要喝很多咖啡或茶。

◆ 多吃一些水份含量高的食物，如黃瓜和西瓜。

供應氧氣

運動可以為身體和大腦提供能量，讓我們的呼吸更深，

從而為身體的細胞提供氧氣。此外,研究還發現運動有助於強化神經可塑性。神經科學家將運動視為「環境豐富化」(environmental enrichment)的要素之一。研究顯示:運動能夠促進新生細胞在神經通路中的存活和整合,藉由增加氧氣供應,並確保有「隨時處於待命狀態的神經元」,可以取代或增強舊神經元的功能。[10]

規律運動對大腦有一系列具體的健康益處。綜合十一項研究結果顯示,規律運動可降低 30%[11] 罹患失智症的風險。此外,運動還能讓大腦更靈活。運動者在情緒調節、靈活思考,以及快速切換任務方面的表現,比不運動者更好。[12]

在《神經科學通訊》(Neuroscience Letters)期刊刊登的研究中,德州大學的研究人員檢視高強度運動對名為 BDNF(Brain-derived neurotrophic factor,腦源性神經滋養因子)的影響。BDNF 這種蛋白質和神經細胞生長[13]、存活與修復有關,並且影響情緒調節、學習與記憶等認知功能。腦源性神經滋養因子的濃度與多種心理健康疾病有關,例如憂鬱症、躁鬱症和精神分裂症。在這項研究中,所有進行過高強度體能活動的成年人,都顯示出 BDNF 濃度上升,以及認知功能改善。在運動時的感覺呢?信不信由你:從事自己喜歡的運動時,比做那些讓我們覺得像是完成任務的運動,釋放更多 BDNF。在大腦活

動中,「意圖」(intention)扮演重要角色:當我們「想要」做某件事,這種樂觀和豐盛的心態會帶來更大的益處。

步行與其他有氧運動已證實能夠改變海馬迴,這是大腦中與記憶、學習與情緒管理有關的區域。[14] BDNF 可以提升海馬迴的可塑性,並且促進新細胞生長。此外,有氧運動還能增生供應氧氣的血管數量,促使該區域的體積增大。這不僅有助於促進大腦健康,還能防止大腦細胞隨時間自然萎縮。因此,即便是簡單的快走,也能幫助保持大腦的健康,並為未來的大腦功能提供保障。

除此之外,加入像桌球這樣結合多重協調和社交性的運動,已證實能增厚與社交及情感福祉相關的大腦皮質部分。[15] 此外,進行多樣化且需要協調的肌肉鍛鍊,例如跳舞,也對大腦有益。最後,我個人最推薦的是拳擊,它結合了有氧運動、肌肉鍛鍊,同時也是我在所有與運動和正念相關的實驗中,最有效的紓壓方式。

最後,對於許多生活在污染日益嚴重城市的人來說,空氣品質對健康的影響就猶如房間裡的大象,顯而易見卻又遭到選擇性忽視。不久後的將來,大家都會討論這個課題。空氣污染是我們無法完全掌控的問題,因此很容易忽略它的影響。但是,如果在污染環境中運動,與在乾淨環境中運動或

不運動相比，實際上會減少 BDNF 的分泌！因為在運動時，我們會深呼吸。如果在繁忙的道路旁運動，會吸入大量有毒懸浮微粒的空氣。倫敦市中心一條繁忙道路的空氣品質監測顯示，行人和駕駛吸入的氮氧化物含量，相當於每分鐘抽四根菸。在這種環境中運動，非但無法促進新細胞的生長和連結，甚至可能會產生抑制的作用。[16]

以下是在規劃運動時需要注意的事項：

- 規劃定期運動（目標為每週至少三次、每次三十分鐘）。請選擇你喜歡的運動，現在將其排入行程，避免臨時取消。可以是網球、舞蹈或游泳等任何形式的運動。
- 避免在交通繁忙的道路或人行道運動。如果可以的話盡量避免，因為空氣污染會降低你的 BDNF 濃度，抵消運動對大腦的潛在益處。
- 在運動時改變訓練的節奏。將短時間的高強度間歇運動，與較長時間的低強度恢復間歇交替進行。這種方式比長時間保持固定節奏的耐力運動（例如慢跑），對於大腦和生成 BDNF 更有益處。

清理你的環境

我們所處的環境對於保持良好情緒、看待事物的觀點與控制壓力指數,都非常重要。請花些時間思考你最常停留的場所,並評估這些環境對潛能之源功能的影響。問問自己以下幾個問題:

- ◆ 我的家是否讓人感到平靜和快樂?
- ◆ 它是我能清晰思考的地方?
- ◆ 我的工作空間是否是可以讓我發揮創意並保持專注?

假如上述任何一個問題的答案是否定的,你需要思考可以採取哪些實際措施來改善這些環境,例如選擇令人愉悅的材質和香氣,以及挑選能激發靈感的圖像和物品來裝飾牆壁和書架。

提供舒適感官體驗的居家環境,能幫助你感到平靜與安全,並成為從壓力與煩惱中復原的避風港。雖然這些因素對幸福感的影響不如睡眠時數那麼顯著,但它們仍然會影響我們的能量、動力和自我形象。將環境的凌亂程度降到最低,你就會感到一切都在掌握中。

話雖如此,每個人對於混亂和無序的容忍度不同(我的好朋友似乎能完全接受衣物散落在地板上,而我對整理衣服

已近乎強迫症的程度）。了解自己的接受度，並採取措施確保自己保持在健康範圍內，能創造出一個讓大腦不會被眼前散亂無序狀態干擾的空間。同樣的原則也適用於你的辦公室、工作桌或電腦桌面。

試試以下其中一項或全部。我保證，這些努力絕對值得，您會立刻感受到成效：

- 在家中進行一次大規模的清理，清除雜物。
- 改造工作空間：將散亂的文件和刊物整理歸檔，清理電腦桌面，挑選一些能賦予力量的藝術作品來裝飾。
- 刪除手機上令人分心的應用程式，並設法改善自己的3C產品使用習慣。

現在，你已經找出需要改進的部分。請**翻**到日記的最後，開始列出待辦事項清單，記錄所有從現在開始需要改變的內容，確保自己正在盡一切努力支持大腦在睡眠、飲食、飲水、規律運動，以及清理環境方面的需求。

隨著時間過去，這些生活方式的因素都會影響大腦可塑性和神經通路，因為我們的行為（無論是正面或負面行為）會逐漸內化成一種習慣。當我們尊重自己的大腦和身體，優先考慮充足的睡眠、營養的膳食、充足的飲水，以及藉由運動

和正念來強化身心時，就會擁有更多的正能量，並更容易達到內心的平衡。

在第 4 章中，我們將探討潛能之源的靈活性，以及如何朝積極的方向發展。這不僅是改善大腦的健康，而是從根本改變我們的生活方式。

4
可塑的心智
如何重塑你的神經通路

二十一世紀的文盲不是那些不能閱讀和寫字的人，
而是那些無法學習、無法拋棄過時知識和重新學習的人。
—— 美國作家 艾文·托夫勒（Alvin Toffler）

四年前醫生告訴我，我很快就會需要老花眼鏡。我注意到自己開始把書本和手機拿得更遠，好讓字跡更清晰，還有扣上小巧的項鍊勾子對我來說也變得愈來愈困難。然而，我對神經可塑性（也就是大腦適應和改變的能力）的理解讓我知道：當眼科醫生說我的視力將「無可避免」繼續惡化、抗拒使用老花眼鏡也「毫無意義」的時候，我是一定不會認同的。

我想利用視力逐漸衰退這一現象，進行一個神經可塑性實驗，看看我是否能夠減緩或阻止這些變化。她有些困惑，並且說她認為如果我不戴眼鏡，可能會開始出現頭痛和眼睛

疲勞。

我的「實驗」靈感來自於我閱讀過關於「心理促發」（psychological priming）對老化影響的一些文獻。所謂「心理促發」係指衰老心態對身體的影響，也就是我們對衰老的看法如何影響我們的身體能力。有一項研究探討生活環境對老年人的生理和精神衰退的影響（1979年的原始研究從未在期刊上發表過，但其研究結果在艾倫・蘭格〔Ellen Langer〕的書《逆時針實驗》〔*Counter Clockwise*〕中有提到）。[1]

1979年，一群八十多歲的受試者被安排生活在一個模擬二十年前的環境中：使用老式家具、聽1950年代的廣播節目、看那個時代的老電影。在這個「舊」環境生活一週後，他們的記憶、視力、聽力，甚至體力都有所改善。儘管這個環境對他們不太敏捷的老邁身體來說不是很方便（如果二十年前沒有使用助行器，實驗中就不能使用，老花眼鏡也被收走），但即便如此，他們的整體健康狀況仍有所改善。他們必須在缺少過去二十年來所依賴物品的情況下生活，還要以二十年前、也就是他們六十多歲時的記憶來思考，但他們的大腦很快就適應了，帶來了新的生命力。對照組則在同樣的模擬環境中生活一周，僅僅是回憶，而非實際體現他們年輕時的生活，雖然也有所改善，但效果較輕微。

有幾個關鍵性的差異：實驗組需要用現在式寫下自己1959年的傳記，而且所有人都繳交了年輕時的照片（這些照片事先在他們到達現場之前會與其他參與者分享，且會裱框展示）。對照組只是回憶過去，重點是強調「現在已經不是1959年」（儘管環境模擬1959年的情境）。他們是以過去式寫下自己的傳記，而且沒有1959年的照片，只有當前年份的照片。

在靈活性和敏捷度方面，實驗組顯示出更顯著的改善，在智力測試中，實驗組的表現提高了66%，明顯高於控制組的44%。給陌生人看兩組人的前後對比照片時，他們甚至認為實驗組參與者現在的照片看起來比二十年前更年輕！BBC的節目《年輕人》(The Young Ones)也重現了個實驗，邀請幾位年長的名人進行測試，也得出類似的正面結果。我的重點是：我們不必成為實際年齡的奴隸！

我想知道，自己是否可以藉由抗拒「屈服」視力下降，並強迫自己在一個略感不適的距離閱讀，來複製出類似的效果，而不是將手機移得更遠或戴上老花眼鏡。我很高興地說，這很有效。我沒有感到頭痛，也完全習慣於用和以前相同的距離閱讀，儘管我必須先刻意努力練習。實際上，我的視力不但沒有惡化，而是維持不變；在我練習的四年裡，視

力甚至還有一點改善。我認為,這非常令人振奮和安慰,你也可以做到。

正如我的小實驗所顯示,藉由專注的努力和決心,確實有可能避免或延遲一些所謂的「不可避免」的老化症狀。如果當時我開始戴眼鏡,我眼部肌肉會習慣這個變化,我的大腦視覺神經通路很快會適應新的調整。簡而言之:大腦具有可塑性,能夠逆轉一系列看似無可避免的變化。

如果我們選擇接受生理或心理的衰退,可能會變成一種自我實現的預言。這是因為大腦對資源非常敏感。正如我們所知,它消耗了我們大約 25% ～ 30% 的能量,為了節省能量,大腦會選擇最有效率(最容易)的運作方式。當你了解這一點以後,就能強迫它不走最簡單的捷徑。不過,也不是每件事情都適用於這項原理,例如我到現在還不知道如何延緩白髮增生,或使白髮自然變回原本的髮色。

邁向新的自我

只要付出努力並保持大腦的最佳體能狀態,我們就能夠打造全新的思維方式,強化更高層次的大腦執行功能,例如複雜的決策、解決問題、擬定計劃、自我反思等,並學會掌

控我們的恐懼、戰鬥或逃跑的大腦原始反應。

　　人們常常問我，要花多長時間才能養成一個新習慣（也就是建立一條新的或改變的大腦通路）。當然，這取決於習慣的複雜程度。例如，改善情緒智商所花的時間，遠比掌握新的健身計劃要花更長的時間。但是，神經可塑性可以保證，只要付出努力，就會產生改變。神經可塑性的原理，也就是在大腦潛意識和意識層面創造新通路的力量，不只是我身為企業教練的工作基礎，也是任何深刻且持久的習慣和思維轉變的關鍵。

　　重點是，不要過度複雜化。在日常生活中，到處都有神經可塑性的例子。一位跟我在麻省理工學院（MIT）一起授課的同事暨領導力專家，希望了解更多該校最新的神經科學研究，她分享她與一位神經科學教授會面的故事。那名教授問她上週二的午餐吃了什麼，她努力回想，然後告訴他答案。他說：「這就是神經可塑性！你只是努力回想，就加強了對特定記憶的連結。」這看起來像是一件微不足道的小事，但這只是個簡單的例子，說明我們每一次思考或回憶，都在加強大腦中的連結。

　　現在你也可以試試看。試著回想某一天：例如上個星期五，或者更久之前一個難忘日子：一個特殊的生日。請按

照時間先後順序思考。那一天發生了什麼事情？當時你在哪裡？還有誰也在那裡？你感覺如何？這是個快樂的回憶，或是讓你感到不開心的記憶？

回憶這些過程的同時，你已經啟動了位於海馬迴記憶區域的神經元連結。當你回憶次數愈多，或與這個記憶相關的情緒愈強烈，連結就會變得愈強。這就是透過重複和情緒強度來加強記憶的結果。它可能是輕易浮現在心頭的美好回憶，或是一個你不想記得卻反覆強化的可怕回憶。無論是好的記憶或不好的記憶，這個過程都遵循一個原則，也就是「當神經元一齊啟動，它們之間的連結會變得更強」（neurons that fire together, wire together），情緒和回憶會對我們的大腦產生持久影響，無論是積極或消極的。

如果想要拓展思維、增強生命能量，首先就是理解大腦具有動態性、靈活性，並且能夠藉由專注的努力重建其神經通路。每當我聽到有人說：「我的個性就是這樣。」（當我問人們是什麼讓他們陷入困境或限制其目標時，常聽到這個回答），我就想要挑戰這個錯誤的執念。充分理解神經可塑性的含義，對你來說真的非常重要，尤其是明白它對你的意義。這種理解需要和自身經歷產生連結。

找回你的力量

當你想到改變大腦運作方式時，會最先想到什麼？請想像一下，如果你從一個全新的思維模式出發，也就是更多的信任、富足感或靈活性，生活會是怎樣？你會變得更快樂、更健康，擁有更好的關係嗎？你能看到生活中有哪個領域已形成了負面習慣和神經通路？也許你可以回顧前言結尾的小測驗，重新提醒自己哪些內容最能引起你的共鳴。

你可以將大腦想像成一個具體的結構，比如電腦的硬體，包括鍵盤、螢幕和硬碟，而你的心智則是在電腦中運行的無形軟體。但在這個比喻中，你並不是一台無法改變的桌上型電腦。相反地，你既可以是那位升級軟體以轉化數據（你的思維）的程式設計師，也可以是微調硬體設備（你的神經元）的工程師。同時，你還可以掌控供電的電源，這種能量取決於你對飲食、運動、冥想、與誰互動、居住環境，以及生活方式的選擇。你是潛能之源的建築師、設計師和管理者，你有能力創造、維護或破壞你的神經連結。這個過程，就是神經可塑性的實踐。

對於任何懷疑這種力量的人，科學提供了許多神經可塑性的非凡案例。在最積極的層面，神經可塑性是實現自我賦權（self-empowerment）的關鍵，它能確保我們只要透過努力

克服根深柢固的負面行為與思維模式,包括上癮和破壞性的習慣與關係模式。我看過那些從中風、腦瘤、毒癮、酒癮和飲食失調等生理病症中康復的人,以及克服日常生活中的挑戰,例如離婚、傷痛、喪親、失業、搬遷或完全改變職業生涯的個案。

神經可塑性也確保我們擁有寬恕的能力。放下過去的失落或傷害可能是大腦最難達成的改變,但往往正是這條神經通路驅動著羞恥感、不信任和無法寬恕,才讓我們陷入困境。然而,改變這些路徑是解決困境的關鍵。大腦會根據經歷、情感和人際互動不斷進化,因此我們需要管理大腦所接觸到的事物,並學會及時處理這些影響。覆蓋過去的傷痛,並清理當下的負面影響。

大腦的適應能力與再生能力之強大,令人難以置信。每當我們覺得遭到自身想法或長期形成的行為模式所束縛時,請提醒自己這一點:即使是一些我們最基本的「內在」特質,也可以重新連結,大腦的主要通路甚至在成年後仍具有適應能力,因為以下這個實驗中對猴子的殘忍處置方式引發爭議,促使善待動物組織(PETA)的成立,並引起動物權益人士的強烈抗議。在實驗中,研究者切斷了猴子的傳入神經節(afferent ganglia),這部分中樞神經系統負責將手臂的感覺訊

號傳送至大腦。同時,他們將猴子主要使用的手臂固定住,使其無法活動。當原本的手臂無法使用時,猴子的另一隻手臂接管了餵食和梳理等日常功能。[2] 這個實驗結果是神經科學發展的里程碑,因為人們首次看到大腦內部發生了顯著的功能重塑(remapping)。這個結果與人們之前的認知相反,成年靈長類動物的大腦能夠順應環境改變其結構。猴子是最接近人類的物種,科學家隨後很快證明了這種現象同樣發生在人類成年大腦中。

領導銀泉猴實驗的心理學家愛德華・陶伯(Edward Taub)後來繼續運用他對神經可塑性的理解,提供一種用於中風患者的復健方法「誘發運動治療」(Constraintinduced movement therapy),幫助許多患者恢復了長期癱瘓的肢體功能。我們的大腦克服了看似無法克服的挑戰(如癱瘓),這個能力開啟了巨大的可能性。我經常以這些例子來鼓勵人們:「你們看,我們真的可以靠著努力和堅持,徹底改變我們的大腦,從而改變我們自己。」

從 1990 年代開始,神經可塑性的研究迅速發展。根據腦部掃描的研究顯示,學習樂器可以顯著提升神經可塑性,並且在整個大腦的多個區域形成新的連結,這些研究啟發了無數「虎媽」的教育理念。[3] 例如,研究顯示音樂家的大腦中某

些區域的神經密度遠高於非音樂家,這些變化中有些與特定區域相關:小提琴手的腦部掃描顯示,與左手(負責撥弦)相關區域神經密度,遠高於一般人。不只是音樂技能本身,學習樂器還帶來更好的記憶處理和解決問題的能力,顯示其對大腦的全區域效益(global brain benefits)。

這個效果有點類似孩童早期雙語學習帶來的全區域效益,大腦中確實存在某種神經學上的「蝴蝶效應」,也就是一條神經通路的改變會觸發其他通路的變化,神經可塑性帶來的正面效益是非常複雜和多樣的。

神經可塑性也會產生「補償作用」(compensation)。就像前文提到的銀泉猴和中風病例一樣,神經影像掃描的研究顯示,先天失聰者的大腦中專注聽覺的區域會遭到重新分配,轉而用來處理視覺訊息。[④] 也有個案紀錄顯示,某些人缺少大腦的一側或某個主要區域(如小腦),但大腦會以各種意想不到的方式進行補償。例如右腦接管左腦的許多功能,或損傷部位的功能由其他區域接管。這樣的研究結果不只顯示大腦的神祕,以及人類對其缺乏了解,更展現了其驚人的可塑性與適應能力。對於大多數人而言,我們希望實現的大腦改變相對來說屬於較小範圍,這一點真是鼓舞人心!

神經可塑性的三個過程

從科學層面來看,神經可塑性可分為三個主要過程:學習(learning)、精進(perfecting),以及重新訓練(retraining)。以下我們將逐一介紹。

學習

這是最明顯的神經可塑性形式形式,與突觸連結(synaptic connection)有關:藉由增加突觸的數量,來加強現有神經元之間的連結(可見第 3 章的大腦結構圖)。

這類學習屬於「B+ 級的技能」,也就是你知道自己有潛力,只要投入足夠的努力,就能達到一定的程度。比如說,你想學好西班牙語,藉由上課、反覆練習,以及計劃去西班牙度個長假,都可以提升語言能力。在這種學習模式之下,你可能無法像母語人士一樣流利,但足以進行對話,並在旅行時應用無礙。

在這種神經可塑性過程中,大腦可能會出現以下兩種類型的變化:

1. 神經元內部結構的改變:神經元末端發展新的突觸,與其他神經元建立更多的連結。

2. 神經元之間連結數量的增加:更多神經元透過突觸相互連結,形成更大的網絡。

精進

精進與一個稱為「髓鞘化」(myelination)的過程相對應:髓鞘是一層白色、富含脂肪且具有絕緣性的外層,包裹在神經元上,能加速神經訊號的傳遞。這像是在電線包覆絕緣層,可以最大化電流效率,並且減少能量耗損。

這個過程通常發生在精通某一件事情的時候,尤其是你荒廢多年,但重新學習後依然駕輕就熟的技能。這屬於你的A級技能。例如,你可能對音樂很感興趣,長期學習鋼琴與吉他。然後,你決定加入樂團且定期演出,讓你可以專注於精進吉他技巧,而且隨著練習的增加,大腦也會逐漸適應。

最經典的「精進」案例是倫敦計程車司機的「知識大全」(The Knowledge)。在培訓期間,計程車司機需記住整座城市的每一條街道。倫敦大學學院(UCL)的科學家發現,在這段學習過程中,計程車司機大腦中與導航和記憶相關的海馬迴(hippocampus),會在神經連結的密度方面有所增加。[5]即使原本的方向感很好,這種學習都需要極大的努力。完成這

項訓練通常需要一～十年,但成功後便會成為這個領域的專家。多數人即使方向感不錯,也無法達到倫敦計程車司機的程度。

重新訓練

神經可塑性中第三個過程的科學術語是「神經新生」（neurogenesis）。相較於其他兩種神經可塑性形式,這個過程並不容易理解,而且較少發生在成人的大腦中,和嬰兒和幼兒的大腦變化更有關連。這個過程是指從胚胎神經細胞中生成新的、成熟的神經元,這些胚胎神經細胞尚未分化,但具有潛力成為神經元,並與其他現有的神經元連接起來,從而在大腦中形成一條之前不存在的新通路,也就是說,就像你學習一項目前並不具備且並非天生擅長的全新技能。

這是一項艱難且耗時的工作,因為它需要隨時進行「學習」,甚至可能需要「完善」。研究顯示,人類的神經新生隨著年齡增長而顯著減少。有些研究表明,神經生成的情況在成人大腦中極為稀少。[6] 目前已觀察到胚胎神經細胞存在於我們用來儲存記憶的海馬迴附近,但目前尚未在成人大腦的其他部位發現。這是可以理解的,因為從實際角度來看,嘗試訓練自己去習得一項全新且陌生的技能,可能會令人感到挫折,

這通常只有那些擁有大量空閒時間和精力的人才會考慮進行的事情。就像是學習高爾夫，如果你以前從未接觸過，又缺乏手眼協調能力且對此毫無興趣，對某些人來說，可能在進步甚微之前就放棄了。對另一些人來說，即使非常努力，也可能只達到平庸的程度，你得問自己，這樣的努力是否值得？

| 個案分析與應用 |

思維轉變，才能採取行動

幾年前，我受聘於一家律師事務所，負責主持韌性提升計劃，蘇菲是其中一位合夥人。她五十多歲，過往曾經抽菸，體重嚴重超標，皮膚暗沉，行動遲緩且缺乏活力。她正在服用降膽固醇、高血壓和糖尿病的藥物。她告訴我，糖尿病控制得很差，而且過去幾年的情況愈來愈糟。

蘇菲對工作非常投入，並且追求高成就，但同時也使她無法面對眼前的健康問題。為了讓她意識到這一點，我要求她佩戴心率變異度（heart rate variability, HRV）監測器三天三夜，這種設備可以監測睡眠、壓力程度、身體活動和整體韌性。監測器藉由感應心臟周圍神經的訊號來運作，如此一來我們就能看到壓力何時發生，以及身體何時進入驚嚇－戰鬥－逃跑（fright-fight-flight）模

式。根據心率及其變異度,我們能夠分辨壓力是來自身體或心理。

隔一週後,當我看到 HRV 監測結果時非常驚訝,因為數據完全是空白的,這是我從未見過的情況。我將這一結果告訴蘇菲,她的語氣十分冷淡:「哦,沒關係,我知道我有糖尿病神經病變。」我不敢相信她之前竟然沒有告訴我這件事。這是一種嚴重且長期未能妥善控制的糖尿病引起的神經損傷,意味著神經末梢已經開始枯萎,而像蘇菲這樣,神經病變影響到心臟周圍的神經,這是心血管疾病和心臟病發作的重大風險因子。我覺得她需要面對現實。我向她解釋,她幾乎具備所有心臟病發作的風險因素:肥胖、壓力、高膽固醇、高血壓、糖尿病、吸菸史,但她感到困惑,對自己的身體狀況以及長期不良生活方式的後果,有著根深柢固的否認心理,也就是拒絕接受現實的防衛心態。

我明白告訴她,這是她為自己做出的選擇,可能會對依賴她和愛她的人帶來嚴重的後果。我可以發現,她大腦中那些曾經讓她在工作上取得成功的神經通路,正在支撐並否認她對自己身體和健康的忽視,甚至是近乎虐待的行為。她表面上似乎不相信自己可以改變,但

其實我提出的警告已經觸動了她的內心深處，讓她深刻感受到我說的話代表的嚴重程度：這就是重新訓練的開始，她的思維過程引發她採取新的行動。

這種思維上的轉變激勵她產生行為的改變，而這些改變是她以前從未有動力去執行的。我再次見到她時，體重明顯減輕，皮膚看起來不再那麼暗沉。她告訴我，在我們談話的第二天，她開始走路上班，並選擇走樓梯，而不是搭電梯上下樓。在短短的一段時間內，她每日的步數累積到了一萬步，甚至開始每天步行上下班（單程幾公里）。她每天喝一杯綠色蔬果汁，徹底改變了自己的飲食習慣。

當蘇菲的新行為逐漸形成習慣，會在大腦中形成新的神經通路，推動學習過程更加深入和強化，也讓改變更加容易。她告訴我：「我克服了最初適應新習慣的痛苦。我開始享受步行，並且渴望更健康的食物。我不再對自己的健康掉以輕心，開始為自己的身體和健康感到更加自豪。」蘇菲結合了重新訓練與學習，支持她的新行為所需的突觸連結已經穩固建立，並朝著建構強大的新神經通路邁進。同時，支持她負面行為的舊有通路也隨著新通路的成長而萎縮，使她得以用新行動取代舊行為。

從刻意練習到自然反應

改變大腦結構,並沒有萬用的處方,對某個人有效的方法,可能並不適合你。加拿大不列顛哥倫比亞大學的大腦行為實驗室主任拉雅・博伊德(Lara Boyd)博士進行一項研究,顯示神經可塑性的運用模式在人與人之間的差異極大。[7] 她指出,每個人的神經可塑性特徵會受到基因的影響。可以確定的是:正如你可能預期的那樣,建立新的神經通路是一項艱困的工作。起初這種過程會讓人感到不自然,但這是一個需要你持續投入,並且反覆承諾實踐新習慣的過程。

你難免會犯錯,回到舊的思維方式,重新依賴原本習慣的通路,這也解釋了為什麼在學習新技能的過程中(無論是學習樂器或新語言),你可能會感到沮喪。有時前一週似乎已掌握了竅門,但下一週卻又回到原點。大腦的改變是分階段進行的,學習新技能或嘗試新行為時,大腦會釋放化學物質,短暫促進神經元之間的連結。若要實現持久改變,不只需要化學物質的刺激,還需要透過持續努力來重塑和加強神經通路。這種重複的努力最終會從刻意努力變成自然反應,而這正是我們養成並維持習慣的方式。這些習慣在大腦中形成強大的神經通路,有以下特徵:這些強大的神經通路使得新的

習慣行為成為首選路徑,比其他次佳通路更為厚實、連結性更強,甚至可能有更好的絕緣性。

鼓勵大腦改變時,在身體上和心理上都會帶來一定程度的負擔。關鍵是你要預期到這一點,而不是假定它會輕鬆。最近我決定挑戰自己,學習一門全新且與我過去所學完全不同的語言(丹麥語,當時我已經快四十歲),我非常清楚意識到,在九十分鐘的課程中,我大概在六十分鐘後就開始感到疲倦。這些新的詞彙和語言規則與我曾經學過的英語、孟加拉語(我在成長過程中是英語和孟加拉語的雙語使用者)、法語(從九~十六歲在學校學習),以及南非荷蘭語(二十五歲後學習)相比,有非常大的差異,這樣的努力學習讓我疲憊又飢餓。

此外,學習丹麥語的過程很有趣,其中有個令人著迷的現象,我發現學習丹麥語的過程中,如果我無法回想起某個單字,南非荷蘭語的詞彙會不自覺浮現在我腦海中,而法語和孟加拉語卻從未出現過。在倫敦大學學院(UCL)擔任神經科學教授的朋友告訴我,這是因為我們的童年語言和成年語言儲存在大腦的不同區域。更令人驚訝的是,一旦我達到某個神經學上的臨界點,學習兩三個月後,我已能輕鬆完成整堂課程,這是因為我的大腦已經完成「導入」所有新規則和新

過程的艱苦工作，我能稍微依賴已儲存的知識。

從這個過程可以學到：當情況很艱難時，要堅持下去，並停止浪費時間與他人或過去的成就進行比較。只要專注於你現在可以做的事，以及你所希望的未來樣貌。

大腦掃描顯示，各種活動都能促使大腦產生變化，但有三個因素對大腦的影響最深。你可以問自己，目前生活中有多少下列因素，並思考如何能引入更多這類因素：

1. 新奇性（novelty）：新的經歷，例如旅行、學習新技能和認識新朋友。新的體驗甚至可以刺激新的神經元生長。你最近一次嘗試全新事物是什麼時候？
2. 有氧運動（aerobic exercise）：研究發現，有氧運動可以增加大腦血液的含氧量，幫助釋放腦源性神經滋養因子（BDNF），這是一種能促進新神經元生長的腦內啡。你是否每天步行萬步，並且每週進行一百五十分鐘的有氧運動？
3. 情感刺激（emotional stimulation）：係指我們經歷某些事件時產生的情感強度。研究顯示，情感體驗的次數愈多，伴隨的情感愈強烈，對大腦的影響也愈大，這也是為什麼與他人共同經歷創傷事件，會加深彼此的連結，這是

一種情感刺激的表現。我會在第 6 章更深入探討情感反應對大腦的影響，無論是正面或負面的。簡言之，情感反應對大腦有神經內分泌效應（neuroendocrine effect），會進一步影響我們的神經系統。例如，與摯愛的人一同歡笑會產生積極效果，因為笑聲能釋放催產素，這是一種與信任和社交連結有關的荷爾蒙，幫助我們與他人建立信任和連結。相反的，像是分手這類情感創傷也會對心理健康造成極為負面的影響，這是因為與羞恥和悲傷相關的情感會引發高濃度的壓力荷爾蒙（皮質醇）的釋放，加強那些與愛和信任相連結的痛苦與失落的記憶，使其更加牢固，並且可能長期影響我們的心理狀態。你是否想到任何強烈的情感經歷，無論是快樂或痛苦，已在你的記憶中留下深刻的印記？

神經可塑性是必須重複引導的，無論結果是好或壞。請記住，負面思維和成癮行為形成後，會在大腦中持續加強和固化，造成負面循環，進一步加深焦慮、憂鬱、強迫性思維和攻擊性。當你完全理解這個事實，就會明白為什麼駕馭神經可塑性的力量，對於自身的利益如此重要：擁抱豐盛的原則（見第 1 章），以及後設認知（metacognition）的力量（見前

言）。大腦很難忘記那些已深刻嵌入其中的事情，以新的渴望思維和行為，替代不再需要的舊有想法和行為，會相對容易些。當然，這些神經連結的數量和密度會隨著使用頻率而有所變化，語言就是個明顯的例子。如果你停止使用曾經會說的語言，那些相關的神經元就會逐漸萎縮。

你希望在大腦中替代或覆蓋哪些事情？想培養哪些新習慣，並且創造哪些更有幫助的全新神經通路來支持你的改變？是否需要戒除任何成癮行為？你可以運用大腦的神經可塑性來完成這一切，這是你開發潛能之源的第一步。

PART 3

靈活的大腦

5
大腦的敏捷性

靈活地在不同的思維方式之間切換

> 我們的一切都是自己內心所現：我們建立在我們的思想之上，並由思想所構成。
>
> —— 釋迦牟尼

我們完全有能力更頻繁發揮大腦的潛能。但我們之所以未能做到，是因為我們尚未意識到大腦有多麼聰明、靈活且敏捷。大腦的敏捷性是指大腦在處理生活各個層面時的整體表現，包括工作、家庭、親密關係，以及整體福祉。敏捷的大腦可以：

- 高效地專注於單一任務；
- 從多種不同角度思考同一個情境或問題；
- 在不同的思維方式間無縫切換；

- 融合不同認知途徑的想法，提出綜合解決方案；
- 以平衡的方式思考，而非固守單一思維方式（例如僵化的邏輯思維）。

當我們充分發揮潛能之源的力量時，通常不會單獨依賴某一種思維方式。敏捷的大腦意味著我們的每條神經通路都得到充分發展。當然，某些神經通路可能比其他的更活躍或更常使用（這是我們的優勢或偏好），但腦力敏捷意味著我們清楚了解自身的優勢與發展空間，並能以整合的方式思考，利用全腦及其資源，既發揮強項，也能包容新的觀點。

六種全腦思維的路徑

我將使用腦力敏捷模型來描述六種思維方式，其與大腦神經通路的簡化版本相關：

1. 情緒智商（Emotional intelligence）：掌控自己的情緒。
2. 身體和內感受（Physicality and interoception）：充分了解自己的內外在狀態。
3. 直覺和本能（Gut instinct and intuition）：信任自己。
4. 動力（Motivation）：保持韌性以實現目標。

5. 邏輯（Logic）：制定明智的決策。
6. 創造力（Creativity）：設計未來與理想生活。

認識這些思維方式的優勢，並學會如何促進其協作且達到平衡，這就是全腦思維方法，讓我們能夠以令人振奮的方式掌控自己的大腦運作。這種方法與非黑即白或匱乏思維完全相反，正是發展豐盛和積極心態的關鍵。我想這能有效解釋保護大腦資源和維持路徑之間平衡的重要性。

正如不同思維方式之間的相互作用，可能會影響我們的觀點，在生活各個層面之間的互動也同樣如此。如果我們與孩子的相處產生問題，或剛結束一段關係，肯定會影響工作表現。一樣的道理，若我們失業，也會影響家庭關係或友誼。當我們理解這些影響如何耗盡且分散資源，就能採取措施緩解其影響。

我打個比方，假設大腦是有多個爐口的瓦斯爐，在不同情況下可以調節爐火的大小。維持每個爐口的爐火（即大腦通路）以及確保瓦斯供應，就是腦力敏捷的真諦。如果某個爐口長時間以最高功率燃燒，將會影響其他神經通路所需的瓦斯供應，意味著我們過度使用某一方面的思維或能力，最終可能導致燃燒殆盡，產生心理與生理的過度疲勞，保護大腦

資源及和維持各神經通路之間平衡至關重要。

那麼這些通路在日常生活中是如何發揮作用呢？以下的例子有助於解釋我們每條神經通路的活動。假設你正在街上行走，看到一位親密好友迎面而來。請閱讀以下範例，然後回想上次見到這位朋友的情景，並根據六種思維路徑記錄下來：

- 情緒智商：當你注意到她的訂婚戒指在陽光下閃閃發亮時，你可能會感到一絲嫉妒，但多數情況下你對她有深厚的感情，並回想起一起度過的歡樂時光。
- 身體：當你認出她並走向她時，你感到腹中一陣溫暖，步伐也隨之輕快起來。
- 直覺：：當你和她打招呼時，內心深處能感受到她當下所承受的一切壓力，而你讓她知道你會支持她。
- 動力：你非常努力維繫這段友誼，因為這段關係在你過去的艱難時刻給予你所需的支持。現在，你感受到這種動力去為她做同樣的事。
- 邏輯：你記得她最近申請升遷，因此你把這件事放在心裡，準備問她這件事，並提供一些面試技巧。
- 創造力：你想像這份友誼的未來。你曾經幻想她將來成

為你的伴娘,而你則成為她孩子的教母。你理解到,現在你們正在為未來的深厚情誼打下基礎。

這些反應在短短幾秒內發生,幾乎不需要有意識的思考。在這個例子中,你展現了相當強的直覺和動力,並顯示出一定程度的情緒自我覺察。雖然在情緒調節方面還有需要改進之處,但你展現了良好的邏輯能力和一定的創意能力。

並不是每個人在所有方面都一樣出色。大多數人通常會偏重於兩到三個神經通路,這些通路是他們在壓力下依賴的強項,而其他兩到三個則是他們可以在需要時運用,但並不認為特別擅長的。此外,也可能有一到兩個神經通路幾乎沒有使用,甚至完全未曾用過。

在上述例子中,對朋友的複雜反應可能包含強烈的情緒,例如當你看到她的戒指時感到嫉妒,這可能顯示你在調節負面情緒方面有些困難。同樣地,創意路徑可以更努力運作,將負面情緒反應轉化為洞察力與提升自我覺察。

將神經通路以這種方式分組是一種簡化,例如,大腦中並不存在單一的通路或一組互不相連的神經通路群來負責決策和邏輯思考。相反的,大腦內部是一個動態且相互連接的迷宮式(labyrinth)結構,使得各種思維彼此交織,在不同的

節點相互連結，就像極其複雜的電路。在這個電路中，大腦中的某些神經通路會因為頻繁或重複使用而變得更加穩固或強化。

如果我們未能充分利用某些神經通路（例如情緒調節或創意思考），可能反映兩個問題，我們在這些方面缺乏足夠的能力，主動或被動地過濾來自這些通路的資訊，因此難以有效運用相關功能。

如果我們忽略來自某些通路的資訊，會發生什麼事？最常見的例子是：「我做決定時總是很掙扎，因為我不確定自己真正想要什麼。」或「我不是有創意的人。」或「我在工作時選擇壓抑或忽視自己的情緒。」當我們忽略某些通路時，行為上就像我們完全不具備這方面的能力，忽略這些通路會導致我們的行為模式偏向其他更強勢的通路，而這種補償往往會打破我們思維的平衡。回到瓦斯爐的比喻：如果我們的一個或兩個爐口完全用盡燃料，其他的爐口未能發揮作用，那麼潛能之源就無法發揮整體能力，象徵大腦整體效能下降。

神經科學家和心理治療師丹尼爾・席格（Daniel Siegel）在其著作《第七感》（*Mindsight*）中將這種現象描述為「阻斷」（blocking）或「分離」（splitting off）大腦的某些部分。[1] 他指出，這是一種防禦機制，我們每個人都會使用這些機制來保護自

己免受困難或痛苦情緒的影響。與其面對原始情感中混亂且脆弱的一面，我們可能選擇掩埋、切斷或忽視它們，甚至將其投射到其他方面。當我們了解這一點，就可以幫助我們重新連結那些較少發揮作用的通路，並以更全面的方式思考。

我身為企業教練，工作重點是幫助人們拓展思考的範圍，使其不再局限於依賴一、兩項主要的優勢，而是朝向更具連結性與整體性的方式發展。一開始時，當你有意識地從六種思維方式的角度思考問題，可能會感覺很刻意和費力，但隨著運用這種方式的時間增加，最終會讓大腦無縫快速做到這一點。擁有敏捷性和整合性的大腦，加上資訊可以自由流動，是充分運用潛能之源的關鍵。

以下的練習是用來檢視大腦敏捷性和思維路徑。請記住，我們常常因為童年時期的影響，而對「我們是誰」以及「我們擅長什麼」、「不擅長什麼」有先入為主的觀念。在這個練習要小心別陷入這些錯誤資訊中，並對自己大腦的思維路徑保持開放和誠實。

我們將依序評估大腦的六種思維路徑，以此了解大腦的敏捷，並辨識我們的優勢和需要改進的發展領域。

評估思維路徑的練習

1. 選擇日記中的某兩頁,在跨頁的中央畫一個圓圈,並在圓圈內寫上「潛能之源」。
2. 從中心畫出六條線,每條線標記為以下六種路徑:情緒(emotions)、身體(physicality)、直覺(intuition)、動力(motivation)、邏輯(logic)、創造力(creativity)。
3. 為了評估你的優勢和偏好,想像在頁面的中央擁有你百分之百的大腦資源。請回想最近三個在生活和工作中需要全力運用大腦能力的情境,例如參加一場重要會議、處理家庭危機,或做出重大人生決定。
4. 直覺、創造力和邏輯的功能是較為內在和個人的的功能,而情緒、身體和動力屬於外在的,影響你與他人的互動。記住這一點,然後對應上一題中你回想的那些實例,評估自己對每種通路的有效運用比例。在這些情況中,是否有某些通路在這些情境中幾乎沒有作用?如果出現一致的模式,那麼得分較低的通路就是你可以加強的,因為你可能過度依賴其他的通路。

這個評估能幫助你確定未來需要加強和練習的重點。這些通路的分布不需要完全平衡,但你需要在所有關鍵思維路

徑保持足夠能力,並清楚了解自己的主要優勢。

特別重要的是,發展並加強自己在其他領域的能力同樣重要,包括管理情緒、了解自我(身體和內感受)、相信直覺(本能),以及維持動力,去創造自己想要的生活,而不只是過度依賴邏輯來引導你。或許你比自己想像中更有直覺力或創造力;或者,你可能完全忽視了某個思維路徑,阻斷了它的回饋和功能。你可以寫下長期後果,並嘗試尋求改變。

|個案分析與應用|

善用全腦思考

佛瑞德在銀行工作,他過去進行所有重大決策(甚至是個人決定)時,總是依靠列出利弊的試算表。他的邏輯觀念很強,在財務方面也有強烈動機,有時候這種對成功和超越財務目標的渴望,會讓他忽視那些在工作和生活中不那麼明顯有回報的因素。因此,他做出了一些自知是錯誤的決策,比如忽視自己的直覺,因為一筆交易在帳面上看起來很不錯,或是在同行的興奮氣氛中陷入從眾心態,未能逆勢而行或堅持自己的立場。

運用我的大腦敏捷性模型之後,並逐步探索各種思維路徑後,我發現佛瑞德需要更信任直覺,並且在關鍵

> 決策方面更具創造性。幾個月來,他進行每一項投資決策時,都按照六種思維方式來考量。佛瑞德對成功的渴望和動力,讓他在理解並掌握了我的模型後,決心將其應用到自己的生活和工作中。大約三個月後,他不再需要有意識且系統性使用模型來進行決策,逐漸養成更敏捷的思維模式,並開始信任全腦思維所得出的答案。

解鎖你的思維路徑

當你希望自己更具備同理心時,如果目標更具體,過程會較為容易。因此,為了提升同理心,我們需要練習某些行為,來讓大腦的神經通路生長,並以新的行為來取代當前的不平衡模式。這樣的練習比設定一個不太明顯的目標(例如「更了解他人的感受」或「多表達自己的情感」)要有效得多。這類要求經常伴隨著明顯或隱含的威脅,例如「除非你這樣那樣做,不然會失去工作」或「如果你不⋯⋯,我們就會分手」,這樣的方法只會激發人的匱乏思維,不太可能成為長期有效的動力來源。換句話說,只依賴威脅並無法真正促進行為改變,而實際的行為練習和建立新的行為模式才是更加持

久且有效的方法。

以下是來自我與病人和客戶的經驗，可以解釋為什麼你的某條思維路徑可能堵塞，看看你是否能夠辨識出來：

- 情緒：你在一個「男兒有淚不輕彈」的文化中成長，或你的家人總是很激動的表達情感，經常大呼小叫和哭泣，因此你發現自己在當前的生活中很難控制一些極端的情緒。

- 身體：你在成長過程中過於瘦弱／過高／過重／為青春痘所苦，或因為自卑而表現出畏縮／姿勢不良／不善於進行眼神接觸／不擅長解讀肢體語言，你擔心這些可能會影響升遷的機會。

- 直覺：你在青少年或年輕成人時期，因為某些決策受到嚴厲的責備或嘲笑，因此現在你覺得無法信任自己的直覺。

- 動力：你從來沒有強烈的生活意義或目的感。你已經放棄了尋找自己喜歡的職業，而堅守一個維持穩定且薪水不錯的工作。

- 邏輯：曾有人告訴你，你不夠聰明，達不到某些成就或成為某些人，因此你避開了大學和任何需要考試或良好記憶力的事情。

◆ 創造力：你的老師或父母告訴你，你不擅長藝術或音樂，而那些進入創意行業的孩子，在學校時總是藝術領域的佼佼者，因此你選擇了更安全、更可靠的職業和活動。

首先，要意識到哪些領域或信念可能會讓你停滯不前。你有哪些神經通路可能因為你固守一些舊有且無益的觀念，而無法發揮作用？它們可能會讓你無法打開某些通路。我會在下文探討這些問題，並在 Part 4 提供實用策略，幫助你用期

▍兩種極端力量的平衡

正如我所提到的，我的工作受到多種哲學與精神觀念的啟發，並在其中汲取靈感。有一部分的大腦敏捷性模型汲取了中國的平衡思想：陰陽、光明與黑暗、男性與女性、工作與生活。這個觀念強調，結合對立的力量是創造與生命存在的必要條件。關於真正的大腦敏捷性，要能夠完全發揮潛能之源，才能在所有方面運作順暢，並進行全面且平衡的決策。從神經科學的角度來看，這是非常合理的：在邏輯與情緒之間取得平衡。

望帶來改變的新行為,取代那些自我限制的想法。你可以現在就在日記中寫下你對生活的期望、哪些因素束縛你,並開始蒐集那些能夠引發你內心渴望的圖像,將來可以放在你的行動板上(參見第13章)。

啟用更多大腦功能

開始挑戰自己的思維模式,尤其是關於自我認知的「完整性」和「整合性」。因為我們每個人都有偏好的思維方式,也對自己有哪些弱點抱有既定觀念。與其避免你認為的弱點,不如將它們視為可以發展的領域,並開始嘗試在不同情境中使用不一樣的神經通路。

你可以選擇像佛瑞德一樣運用六種思考方式來工作,或者利用一種你平時不太依賴的方式來觸發新的和不同的思考方式。最重要的是,你愈能啟用更多的大腦功能,愈能從潛能之源汲取更多的力量。在接下來的章節中,我們將依次探討每一條思維路徑,了解它們的科學依據,並探討我們可以使用的實用策略,將其力量最大化。當你閱讀每一章時,我會鼓勵你思考大腦中的每一種通路是否能順暢流動。你的大腦能夠運用它嗎?是否有任何阻礙或盲點?你可以做些什麼

來恢復平衡與順暢的流動？

　　想要讓大腦產生改變，重點在於培養新的習慣。對於像喝更多水這樣的小而明顯的變化，可能需要二十一～六十六天的時間才能養成習慣。但是對於更複雜、更難量化的變化，例如發展同理心、韌性和自信，最好以實際的成效來評估，而非依賴數字。這是否真的改變你的生活：改善你的關係或增強你的自尊心？

　　一旦你充分了解每一條思維路徑，讓潛能之源最大化，你就可以清楚知道自己在哪些方面需要更多努力，將來在製作行動板時應該把重心放在哪裡。當你蒐集行動板的圖像時，改變或許已經逐漸成型。這是邁向完整自我的開始，你擁有內在的工具來完成你的夢想。讓我們開始吧！

6

情緒

掌控你的感受

> 在與人打交道時,請記住,我們並不是跟邏輯的生物打交道,而是與情緒的生物交流。
>
> ——戴爾‧卡內基(Dale Carnegie)

因為掌控情緒是所有思考通路中最重要的一項,所以,讓我們從這裡開始吧。

情緒是人們最常感到困擾的領域,因此擁有最大的改變潛力。此外,也因為情緒如此深刻、根本且原始,對其他一切產生的影響最為深遠,包括我們的大腦與身體的連結、直覺、動力,以及人際關係,還有設計未來的最佳決策能力。

同時值得注意的是,現代生活在很多層面都削弱了我們與情緒完全連結的能力,包括社會期望和社群媒體的影響。因此,如果想讓自己的職涯和生活能夠面對未來的挑戰,提

升情緒智商是最重要的起點。

情緒不再是脫韁野馬

為了要展現我們完整和獨特的人類智慧，我們需要學習停止受到情緒擺佈，並能夠敏銳、準確地讀懂和回應他人的情緒，無論是在工作、家庭，或是關係中。

邏輯與情緒的平衡，以及介於兩者之間的一切都非常重要。然而，傳統或二分法的觀念認為「邏輯是好的，而情緒是壞的」，這種想法正在轉變。新的科學證據顯示：管理我們的情緒才是改變生活的關鍵。

近年來，我們對情緒功能的理解有所改變。在過去，我們認為情緒是拉動思想的脫韁野馬，而我們的心靈就是那輛馬車，受到情緒牽引。但是現在我們明白，我們對情緒的控制力遠超過以往的認知。腦部掃描顯示了情緒反應的樣貌、情緒如何在大腦中遭到觸發，並且證明我們可以有意識地調節情緒。更正面的是，現代神經科學證明，我們可以採取很多種方法來改善情緒調節，進而改善我們的「內在心理狀態」（internal landscape），並運用各種樣貌的情緒來豐富我們的生活體驗。

「情緒」一詞來自拉丁文 *'emotere'*，意思是能量在流動中。情緒附著於這股內在的驅動力量之上，為這股能量帶來細膩的差異和特徵，並成為我們體驗生活的濾鏡。雖然情緒有時看起來像是被動反應，實際上我們可以將其重新定義為主動且富創造性的過程，儘管我們遭到強烈的情緒（如憤怒或興奮）支配時，往往不覺得如此。如果我們可以將潛能之源最大化，就能更有效地掌控自己的情緒，我們是情緒的主人，而非遭到情緒奴役。

就某種意義上來說，情緒「襲來」的說法有其真實性。情緒源自邊緣系統中的杏仁核（amygdala），這是大腦最原始的部分。一旦杏仁核察覺到情緒，大腦就會將當前情緒反應與既有記憶（存儲於海馬迴）連結起來。接下來，前額葉皮質（pre-frontal cortex）開始運作，透過以往的「模式辨認」幫助我們理解當前情緒的來源，從而進行適當的應對。在這個基礎上，我們的大腦運用知識（邏輯思維）、直覺和情感的智慧來解讀，並在需要時設計應對的行動與行為，回應發生的事件與感受到的情緒。

有時候，我們的情緒會同時爆發，此時要在回應時達到某種平衡就像是不可能的任務。當這種情況發生時，我們的大腦可能會因為強烈的情緒刺激而處於混亂狀態，並且遭

到一種充滿矛盾的化學物質混合物淹沒。例如，在激烈的嫉妒中，愛、憤怒和厭惡可能會同時被激發，這些情緒在大腦中相互對抗。在這種情況下會產生極端的行為，例如對他人或自己發火，你可能感覺它是唯一能緩解這些強烈情緒的方式。你從潛能之源學到的一切，並且透過完整的練習，都會提升你的情緒管理能力，進行更理智的回應。

八種基本的情緒類型

在我們開始學習如何控制情緒之前，讓我們先探索人類能夠體驗的情緒範圍，以及如何理解這些情緒。下頁圖顯示八種基本的人類情緒光譜。

正如我們之前所了解的，所有的情緒都與某些神經傳導物質的濃度相關。在八種主要情緒中，五種生存型情緒（恐懼、憤怒、厭惡、羞恥和悲傷）會釋放皮質醇這種壓力荷爾蒙。這些情緒可能多數時候在潛意識運作，並且屬於逃避／迴避型情緒，會產生後續的一連串複雜的行為。正是這些情緒讓你想要避免潛在的壓力，例如公開演講或與陌生人約會。如果放任不管，你的思維會偏向極端，專注於最壞的結果，並過度放大問題的負面影響，成為一種限制和削弱你的

▌基本的人類情緒光譜

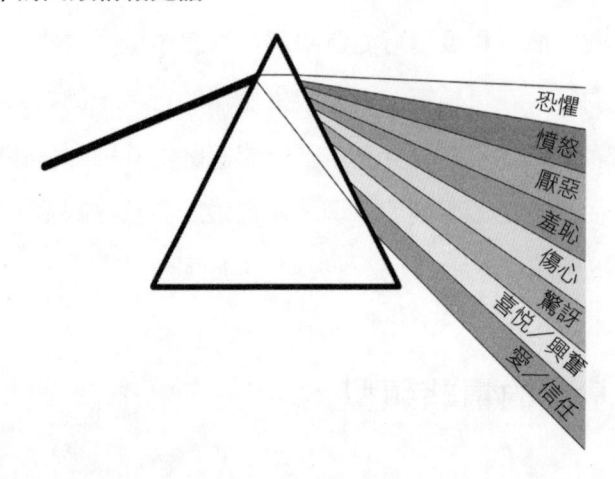

(圖:三稜鏡分出光譜——恐懼、憤怒、厭惡、羞恥、傷心、驚訝、喜悅/興奮、愛/信任)

力量的方式。當這些情緒控制了大腦的戰鬥或逃跑（fight or fligh）反應時，你會感覺自己受到情緒主宰，可能很難保持冷靜，無法控制自己的反應。

兩種依附型情緒（愛／信任、喜悅／興奮）則是由催產素、血清素和多巴胺對神經元受體的影響所調節的。這些情緒啟動了大腦中的獎勵系統，我們會被引導去重複那些產生這種愉快感受的行為，比如擁抱愛人或去跑步。這一機制有助於養成健康的行為習慣：你開始想去健身房，因為你記得運動後的感覺良好。然而，它們也能強化負面行為，例如酒精或與叛逆男孩發展關係這樣的事情，顯然對我們有不良影

響,並且可能上癮。但說到底,即使是工作和運動這樣的獎勵行為也可能成癮,因此這一切都要適度。

　　介於生存型與依附型情緒光譜之間的是驚訝（surprise）。它屬於一個獨立的類別,稱為「增效」情緒（potentiator）,能夠將我們的反應狀態從依附轉變為生存,或者反之亦然。正腎上腺素（Noradrenaline）會加強其他神經化學物質的作用,這是我們產生驚訝情緒的基礎。這種感覺就像我們在雲霄飛車的頂端,或者看恐怖電影時,無法預測下一秒自己會笑或尖叫。我們如果透過偏離平常的反應模式來利用這種關鍵情緒,可以幫助我們以全新的方式應對重複出現的問題。例如,採納朋友的建議,這些建議可能與你的看法完全不同,能將你從生存狀態,轉換到豐盛思維與自我覺察的模式中。治療、心理輔導或一些如介入性治療的方式,目的也是挑戰既有觀點來達到這種效果。

　　我們接觸的事物會深深影響大腦,逐漸內化成為我們的思維模式與情緒反應,因此掌控情緒並保持動力,可以不讓情緒阻礙我們的行動或決策,實現健康的平衡。每種情緒在不同的情境中都有其價值,但過多或過少,都會對心理健康造成不利影響。

練習如何掌控情緒

　　每個人從小到大都會接觸並學習如何與他人相處、表達自己、給予和接受愛，以及處理衝突。在人生旅途中，這些我們內化的印記往往會投射到生活中的其他情境與人際關係中。這種強大的潛意識過程值得深入探討，因為它會深刻影響我們所選擇的關係、如何看待自己，以及思考與行為方式。

　　你的家庭成員如何表達情緒，會對你如何管理與表達情緒產生重大影響。如果你的家人表達情緒非常強烈和直接，例如有大量的激烈言語、吵架、喊叫和哭泣等，當你與一個情感內斂，不輕易顯露情感之人建立關係時，可能會感到困難。同時，在工作場合的激烈爭執中，你也可能發現難以控制這種習自家庭的情緒表達方式。

情緒的引導測驗

　　請你問自己以下五個問題，花一點時間思考答案，如果你願意，可以寫在日記中：

1. 你成長的家庭中，情緒表達風格是什麼樣的？如何處理分歧和困難的對話？
2. 你是否能辨識自己的情緒？

3. 當感受到強烈的情緒（如憤怒或恐懼）時，你是否能迅速讓自己冷靜下來，讓注意力從情緒中抽離，將自己拉回當下？
4. 你是否容易與剛認識的人建立融洽的關係？
5. 當你與某人交談時，你有多常感受到情感的共鳴，一種相互理解與連結的感覺？

首先，你可以從了解自己的在情緒管理方面的強項，以及需要改進的地方開始。你的情緒控制能力是否會因面對不

▌情緒智商高？或只是很敏感？

「情緒智商」（emotionally intelligent）和「敏感」（sensitive）之間有很大的差異。通常那些形容自己「敏感」的人，可能對自己的情緒過於專注，但對他人的情感卻很遲鈍，甚至毫無頭緒。需要注意的是，這種情況並非總是一成不變的。在某些情況下，情緒智商很高的人在經歷生活動盪時期（如離婚或中年危機），也可能陷入情緒的漩渦，而忽略了自己對他人的情感影響。根據我的經驗，男性和女性同樣有可能陷入這個困境，但通常需要深刻自省和謙卑的態度，才能意識到這一點。

同的人而有所改變？你的情緒在壓力下會有什麼變化？你是否能在工作中保持冷靜，但回到家卻容易發脾氣？在悠閒的假期中或假期結束後，你的情緒是否有所不同？

| 個案分析與應用 |

練習情緒管理，改善職場關係

我曾經與一位女性妮蔻拉合作過，她形容自己對情感或情緒表達並不敏感，並且認為我無法幫助她改變這一點。她是一家餐廳的經理，大約三十多歲，以給予其他人過於直接的回饋著稱，而且對自己造成的影響似乎毫無察覺。

她從未參加過員工生日茶會，寧願待在自己的辦公桌工作，也不願出去與同事聊天，了解大家的個人生活。因為缺乏情感上的投入，導致她與同事未能建立最佳關係。我向她解釋：「你不能只靠思考去體會情感，就像你不能只靠情感去理性思考一樣。」無法簡單地用一種方式取代另一種，僅透過思考無法真正理解情感的深度，也無法改善人際關係。

這句話讓她感到困惑，甚至有些不滿。因此，我從協助她撰寫發給餐廳員工的電子郵件開始。這些員工與

她的關係並不好。我建議她將電子郵件中一半的「我認為」(I think)替換成「我感覺」(I feel)。相較於面對面交流，書寫提供了更多時間讓她思考和練習，逐步增加她對情感表達的自在程度。

妮蔻拉有年幼的孩子，儘管工作繁忙，但她投入大量心力維持與孩子和保姆的良好關係。我問她是否可以將一些育兒的價值觀應用到對待餐廳員工的方式中，不一定是相同的行為，而是背後的價值觀。這句話引發了她內心的共鳴，隨著時間過去，她逐漸能夠提供團隊更多關懷與支持。

經過短短幾週練習情緒管理，例如，不打斷別人講話、保持良好的眼神接觸、專注於對話而非同時處理多項任務，使用像「我感覺」、「我信任」或「我很樂意」這樣的語句，而非「我認為」、「我已決定」或「我想要」。妮蔻拉告訴我，她與員工之間的關係發生了顯著的改變。

請思考上文有哪些內容與你產生共鳴，類似方法是否能幫助你應用在生活的某個領域？你是否可以在家庭或工作中改變互動方式，使其更具情感連結？是否可以嘗試新的語言表達方式，有助於更有效控制和表達情感。

情緒管理的工具箱

　　管理情緒的力量就掌握在我們手中。我們的情感本身就是工具，可以用來形成我們的反應。多年前，我聽到哈佛大學心理學教授艾倫・蘭格（Ellen Langer）在一場會議表示，情緒更像是廚師的食材，而不是自然界中無法掌控的力量，取決於我們如何選擇和搭配它們來反應當下的情境，就像我們從櫥櫃中選擇食材一樣。我們的大腦一直在進行這個過程，挑選「食材」來組合成我們對當下情境的反應：一點驚訝、一抹興奮、一絲恐懼。

　　我這樣說的用意是，如果有人令我們不開心，我們可以選擇做炒蛋或烤蛋糕。我們的反應在很大程度上取決於自己。當然，有些人比其他人更容易體認到這一點。有些人則對自己情感反應的控制較差，像喪屍廚師一樣，猶如自動駕駛般運作，並未意識到自己情感反應的過程。

　　情感調節能力是需要努力培養的。像正念這樣的練習非常有幫助，它能拉長我們從思考到反應之間的停頓時間。

建立情緒素養

　　了解情緒及其對我們的影響，可以幫助我們成為更有情緒素養的人，在情緒出現時注意到，並且標記它們。研究顯

▌情緒遭綁架的迷思

1996年，丹尼爾・高曼（Daniel Goleman）在其作品《EQ》[①]中提出「杏仁核劫持」（Amygdala hijack）的概念，並且廣為人知。他描述了一種狀態：當你遭到強烈的情緒（通常是恐懼或憤怒）壓倒，以至於你被情緒「劫持」，無法控制隨之而來的思想和行為。

近幾十年來，科學已有進展，我們現在知道，儘管在這種狀態下可能較難調節強烈的情緒，但我們仍然擁有識別、管理和改善自己行為的能力。

當我要客戶在工作場所挑戰杏仁核劫持的概念時，他們都能成功管理自己的情緒。有趣的是，我們所相信的事情會影響我們的行為，即便是在潛意識中。

在本書中，你將有機會挑戰之前篤信的真理，也就是那些對你不再有幫助的觀念，來打破自我限制，進而創造不同的未來。

示，經常冥想的人和沒有冥想習慣的人相比，擁有更高的情緒素養和控制力，以及更穩定的情緒。耶魯大學的一項研究發現，[②]定期冥想可以減少反芻思考（rumination）的機會，這

種反芻思考與幸福感的降低相關。[3]

首先,查看前文的情緒光譜圖,找出你經常感受的情緒,以及那些你認為在生活中並未佔重要地位的情緒。有可能你封閉了某些情緒或無法以語言表達。每一種情緒都會以不同的方式影響我們,但當你注意到情緒出現時,就會幫助你與情緒保持距離,從當下抽離出來,讓你覺得更有掌控感。當你保持一定的客觀性時,強烈的情緒就不太可能淹沒你。嘗試在情緒出現時對自己說出它的名稱,例如「悲傷」或「憤怒」,這可能聽起來是件小事,但其實效果超乎你的想像。

我曾與幾位難以控制脾氣的客戶合作過。這些人在生氣時會面紅耳赤、高聲斥責,甚至讓員工哭泣。有一位男性客戶在工作時突然情緒爆發,激動到當場哭了出來。令人難以置信的是,客戶告訴我,有時他們並沒有意識到自己失控,直到事後當家人和同事抱怨時,才開始反思剛才到底發生了什麼事。這讓我有了機會打破「杏仁核劫持」這個迷思,雖然科學上認為這樣的情況可能讓情緒變得難以調節,但我相信即使在這樣的狀況下,我們仍然可以有意識地去管理我們的行為。我告訴客戶,他們自己必須承認其行為完全無法接受,並且必須停止。這讓我感覺像是回到了兒童精神科診所,因為需要幫助他們認識自己行為的根源,並進行改變。

他們都能明白這種行為必須停止，但也都認為難以做到，因為在許多情況下，他們並未察覺自己的失控行為。我要求他們在下次情緒失控時記錄下來，並在事後反思自己當時可以做些什麼來改變。接下來的幾次，我要求他們努力識別情緒的過度反應，即便無法立刻停止，也要意識到自己的情緒波動。再下來的每次，我要求他們一旦意識情緒開始發作時，立刻停止這種行為。然後，他們需要學會識別「憤怒」的早期警告訊號，並走開或練習 STOP 技巧。

學習如何使用STOP技巧

STOP 技巧是我在擔任兒童精神科醫生時使用的技巧。家庭治療師經常用這種方法來治療無法控制憤怒的孩子。最近，我在輔導高階管理者時，也運用了這個技巧。

閉上眼睛，讓自己感受遭到憤怒情緒籠罩時。回想一些讓你生氣的事情，並讓這股情緒充滿你的全身。感覺到憤怒在你的皮膚、胸口、口腔、肌肉和思緒中流動。當你感覺到憤怒充滿你的整個身體時，想像自己在腦海中舉起一個大紅色的 STOP 標誌，並讓這種情緒完全消散，放鬆你的肌肉，讓憤怒的感受離開身體。練習這個技巧，直到你覺得可以在現實生活中使用它來保持冷靜。

當你開始運用體能運動，或是瑜伽或冥想這樣的正念練習，或者使用 STOP 技巧來應對爆發性情緒時，你會發現自己會自然而然逐漸將這些情緒反應選項淘汰。然而，有時候當你感覺情緒猶如排山倒海而來時，唯一可以做的事就是去睡覺，等情緒平復後再重新開始！

讓內心的平衡成為我們的預設值

我們每個人都是情感的生物，不論你是否承認這一點。我們做出的每個決定，都會受到情緒的偏見影響。藉由發展情緒智商，讓內心的平衡成為我們的預設值，並在大多數時候維持這種平衡。我們難免會遇到一些壓力時刻，使我們的思維進入匱乏思維和生存模式，當我們愈快認識到這一點，並且採取行動恢復平衡，就能避開可能引發的傷害性後果。

直觀的說，我們能夠看到這些陷阱如何在生活中呈現。我們可能會發現自己因為多年來承受情緒的高低起伏而感到筋疲力盡，這些情緒本來可以避免的，只是事後才發現。或者我們可能會產生相反的反應，選擇忽略或壓抑這些情緒，過度思考，事後覺得我們因為不敢信任直覺或內心，可能錯過了機會或未能產生最符合自己需要的決策。在這種情況下，當你感覺自己未能做出最好的選擇，都暗示著是時候接

受這個真理：管理情緒是我們充分發揮潛能之源的唯一希望。試圖完全理性思考來擺脫情緒並沒有幫助，同樣的，將自己視為情緒陰晴不定的受害者也同樣無益。情緒使我們成為了自己，並支配著我們對世界和生命的全部體驗。

你能想到哪些例子，說明你曾經壓抑過某些情緒嗎？或者你如何以真正富有同情心的方式處理過一個棘手的情況？以更完善的自我照護、正念，以及 Part 4 的實踐練習來管理我們的情緒，將幫助我們以更豐盛心態生活，我們可以重新掌握情緒的控制權，而不是讓情緒控制我們，或是害怕並壓抑它們。

接下來，我們將探討心靈與身體之間的關係，並學習如何加強這種關係，以更全面整合身心狀態。

7
身體

照顧你自己

你的身體聽到你心裡所說的一切。

——娜歐蜜・賈德（Naomi Judd）

一般來說，建立身心之間的連結，有助於支持各層面的自我照護：感覺良好的身體會告訴我們，我們有妥善照顧自己。不舒服的身體則顯示出它需要額外的關注與支持。身體形象和是否能欣然接受自我也息息相關。

身體會反映我們是否健康：在游泳池裡拉動一下三頭肌；當我們感到自信且自在時抬起下巴；忙碌的一週結束時，肩膀會感到緊張，隨著瑜伽課後的放鬆，它們會慢慢釋放緊繃感。這些身體訊號都有自己的故事。請進行以下的身體掃描練習，並問問自己，你的身體告訴了你什麼故事。

用「身體掃描」了解自己

每天進行一次，持續一週。每次請記下你的感受。你注意到什麼？你感覺如何？

- 坐在椅子上保持舒適的坐姿，雙手放在大腿上，雙腳平放在地上。理想情況下，可以脫掉鞋子，感受腳底下的地板。確保你沒有盤腿或雙手抱胸。閉上眼睛並放鬆。
- 將注意力集中在你的身體上。感覺它是放鬆或緊繃？感覺被空間包圍或被周圍的牆壁、人物或衣物所限制？當你坐下時，注意身體的重量，感受自己依靠椅子或地板的感覺。注意腿部和臀部接觸表面的重量感。
- 深呼吸幾次，鼻子慢慢吸氣，數到四，再慢慢呼氣。在吸氣的時候，將注意力集中在氧氣充滿身體之中，每次呼氣時，感覺自己更加放鬆。
- 將注意力集中在雙腳上，感受雙腳接觸地板的感覺：重量、壓力、任何震動、溫度。伸展腳趾。將你的注意力往上移動，再次注意到雙腿接觸椅子的部位。注意任何壓力、脈搏、沉重或輕盈的感覺。
- 注意背部與椅子接觸的感覺，從脊椎底部移動到中心位置。

- 現在將注意力集中在你的腹部。如果你的腹部緊繃或僵硬，讓它放鬆。深呼吸。
- 注意你的雙手。你的雙手是緊繃的或握緊的？讓它們保持柔軟，看看能否將注意力集中在感覺每根手指。
- 注意你的雙臂。感受手臂的任何感覺。讓你的肩膀放鬆，不必強迫它們下垂。
- 將注意力移向頸部和喉嚨。微微低頭，伸展脊椎。放鬆。放鬆你的下巴。如果你的舌頭黏在上顎，放開它。讓你的臉部、面部肌肉，甚至眼球都變得柔軟，感到輕鬆自在。
- 將注意力集中在頭頂，停留在那裡，感受從頭頂到脊椎底部延伸的感覺，然後擴大你的注意力，將整個身體納入感知。感受自己是一個整體、相連、呼吸的存在。
- 深呼吸三次，然後張開眼睛。

記錄你的感覺。是否有某些部位感到緊繃？你的一側身體是否比另一側放鬆？當你刻意放鬆時，是否真的能夠放鬆下來？

感受身體想傳達的訊號

我們都熟悉那些幫助我們體驗世界的主要感官：視覺、聽覺、味覺、嗅覺和觸覺。然而，「內感受」(Interoception)則是不同的感官：它較少為人所知，可以幫助我們感受和理解身體內部的狀況，讓我們「讀取」自己身體的訊號，從飢餓、口渴、體溫到心跳或消化狀況等。

有些孩子可能有內感受失調，使得他們不知道自己何時覺得飢餓、過熱、寒冷或口渴。現在花點時間思考，你是如何知道在用餐結束時自己已經飽了，或是何時需要去廁所。大多數人能夠準確讀取這些訊號，但這些感覺有時候非常微妙，會在日常生活中遭到忽略。以下是一些常見的例子。當你感覺到精力開始下降時，你會知道是時候休息一下了；當你在爭論中感到情緒激動時，你會知道是時候離開房間，以免對伴侶大吼大叫，並說出你可能會後悔的話。這些日常生活中會發生的事情，都涉及到內感受的運作，幫助我們更能理解自己身體的需要和情緒。

生活經歷會影響內感受的能力。你正確解讀身體訊號的能力，例如性慾或食慾的減退，會受到你過去學會如何注意或忽略各類感覺的方式所影響。[1] 你的家庭對健康、情緒，以

及幸福的態度也會有所影響。我觀察到，那些採取「堅強面對」態度的人，經常對孩子說「別抱怨了，撐過去就好」，或者當孩子有情緒反應時，則以「你沒事的」或「別這麼傻」來回應，這類人可能很難察覺身體的訊號，尤其是那些表明自己身體或心理脆弱的訊息。如果你已經習慣忽視身體的訊號，而優先考慮其他事情，建立身心連結可能會有困難。

如果無法察覺並回應身體傳達的內在訊號，說明我們已經與身體的內在狀態脫節。大腦會不斷整合來自身體的訊息，並傳遞到特定的神經子區域（如腦幹、丘腦、島葉、體感皮質及前扣帶皮質），對身體的生理狀態進行詳細匯報，例如簡單的「我太熱了」，或更廣泛且複雜的「我感覺不錯」或「我覺得緊張」。這一過程對於維持身體的條件（如體溫和血壓）至關重要，也可以幫助我們增強自我覺察能力。當我們愈能專注於這些訊息時，我身心連結就會愈強。

內感受訊號透過多條與心臟、血液、肺部和皮膚有關的神經通路傳遞至大腦，以及其他生理系統，如腸胃道、泌尿生殖系統、內分泌系統和免疫系統。如果你已經對這些訊息非常敏銳，那麼你的免疫內感受會在你出現明顯症狀前幾天就告訴你即將感冒。你是否曾經感覺到在生病前幾天那種難以察覺的感受？你幾乎確定有什麼不對，卻沒有明顯的症

狀？過去我們認為這是一種純直覺，現在我們明白這是內感受的運作。

我們的身體會發出一系列微小的訊號，告訴我們免疫系統正在掙扎，例如稍微加速的心跳、頭腦昏沉的感覺，或喉嚨後部的輕微刺痛。大腦記錄這些訊息並警告我們注意它。如果我們能夠察覺，就可以採取補充營養、多喝水、提早休息等行動，若忽視，就可能選擇硬撐下去。

許多人可能經歷過「假期病」，在計劃休假第一天就因嚴重感冒或腸胃不適而病倒。這是一個重要的警告訊號，表明我們平常忽視或無法察覺身體向大腦發出的訊息，而壓抑的免疫系統趁著防禦機制放鬆時開始「反擊」。同樣地，壓力與焦慮也可能導致沒有實際病痛的心因性疼痛（psychosomatic pain）。在這種情況下，我發現與自己進行一場對話可能會有所幫助，例如問自己：「我是不是真的生病或疼痛？或只是壓力導致的？」

內感受在大腦與身體之間使用的物理通路，與五感（視覺、聽覺、味覺等）連接至眼睛、耳朵、舌頭與大腦的方式相似。雖然內感受是一種更複雜且神祕的感官，未來仍需要更多實驗室研究來揭示其機制，但它是我們可以開始探索的一種感官，藉此改善我們的身心連結、幸福感，以及開發潛能

之源。[2]這就是為什麼練習「身體掃描」對於個人成長非常重要的原因。

| 個案分析與應用 |

仔細聆聽身體的訊息

安迪是我的一位客戶,三十六歲的媒體工作者。他在得過一次肺炎後罹患成人氣喘。他臉色蒼白,看起來病懨懨的。他告訴我,有一段時間,他甚至從建築物的一端走到另一端,就會感到氣喘吁吁。他每天的工時很長,每天還要花費三個小時通勤,因為他的家人住在鄉下的一棟夢幻莊園,這是他透過出售公司股票所買下的。如今,他已經困在那個工作環境中三年,用他自己的話形容是「金手銬」。當我問他,什麼情況下他會停下來重新審視自己的生活時,他說:「可能是再一次住院吧」,然後他忍不住哭了起來。

每次我與安迪交談,當他提到以前的嗜好(遠程競速自行車運動)時,他的臉都會亮起來。然而,現在繁忙的工作日程和漫長的通勤使他完全無法抽出時間,而週末是神聖的家庭時光,他不願意花幾個小時離開孩子出去訓練。我建議安迪至少可以用他的錢在辦公室附近租

一間小公寓，平日可以住在那裡，但他立刻說絕對不可能整個星期都離開妻子和小孩。

大約六星期後，我再次見到他，簡直判若兩人！他的皮膚不再蒼白，步伐輕快，散發一種平和的氣質。當我問他發生了什麼改變時，他說，那天晚上他回家向妻子提到我的建議，妻子立刻堅持要他在倫敦租一間公寓，並說她會在家裡打理好一切。他接著告訴我，他利用在倫敦的額外時間來完成工作，這樣每週五可以提早下班。而且，每天早上去辦公室之前，他會騎一段長程自行車。他還恢復了冥想習慣。他十八歲時曾在印度生活過一年，甚至比我更了解各種冥想方法！安迪重新調整他的身心，找到了一種生活方式，能夠符合他真正看重的事物，而不是遭到過去的選擇和他認為生活「應該」要有的樣子所束縛。最終，他藉由傾聽自己的身體，重拾了熱情和健康。

解讀自己的身體訊號

我們該如何提升自己的內感受呢？這是我們可以訓練的能力，或與生俱來的天賦？但透過練習瑜伽或需要身體生物

回饋的運動,這種能力是可以加強的。當你愈專注於自身,對當下保持覺察,內感受的敏銳度就會愈高。

　　就像我們走在街上,很容易忽略周圍的細節。即使是在我們生活多年的區域,如果沒有特意留心觀察,可能也無法在想像中精確重現那裡的景象。內感受也完全一樣。不要忽視那些眼皮的抽搐、抖動不安的雙腿,或胃部緊繃的感受,而是對這些反應可能代表哪些身體訊號感到好奇。有些情況會有科學上的解釋,例如肌肉痙攣或偏頭痛可能與鎂攝取不足有關,但有些訊息對我們來說有著獨特的意義,需要自己來解讀。我有一位朋友曾說:「當我出現口腔潰瘍時,我就知道我把自己逼得太緊,身體沒有足夠的營養支撐下去。」我對此有深刻的感觸。還有一位堂兄弟說,當他感到壓力時,肩膀會因為緊繃或疲勞而產生僵硬或不適感。我也認同這一點!

　　學會解讀自己的身體是我刻意練習並逐漸改善的功課。我現在已經相當擅長解讀身體隱藏的訊號,通常在生病的幾天前就能察覺身體有些失調。如果我感到喉嚨有些乾癢或耳朵隱隱作痛,我會喝大量加了麥盧卡蜂蜜、檸檬和薑的熱飲,早早休息,並進行一些修復瑜伽,可以調節神經內分泌系統,幫助恢復因疲勞而損耗的免疫力。藉由這些方法,我常常能避免本來或許無法避免的疾病。

我相信每個人都有先天的能力來了解自己的身體,並與大腦進行溝通,以制定更好的決策。例如,如果你在吃海鮮時感到嘴唇刺癢,或者吃了披薩後感到脹氣,你可能對甲殼類食物敏感,或有小麥或麩質不耐症。有哪些訊息能讓你感受自己感到壓力、不適或狀態不佳?掌握這些知識,你將能夠更快實施自我照護,也不會在身體發出警告時仍然硬撐。

▌察覺身體訊息的原因

我們都可能因為心理問題而感到不堪重負,因此了解這些問題的本質,以及如何因應是很重要的。然而,有時如果你仔細觀察自己,可能會察覺某種生理因素或荷爾蒙失衡才是根本原因,而這些問題是可以調整的。

這可能從血糖過低影響判斷力、需要吃點東西開始,到維生素缺乏,甚至是提前察覺並預防潛在的健康風險。

｜個案分析與應用｜

察覺身體失調

雅思敏是一位店員,她發現了一顆癌變的痣。本來她根本不會去檢查,直到她在早晨電視節目中看到關於

> 自我檢查的內容,並回想起我曾建議她多注意身體給予的訊號。
>
> 她算是很幸運,這次健康危機促使她更加關注大腦與身體的連結。此後,雅思敏的健康狀況得到了顯著改善,包括減重、更平靜的心態,以及嘗試新事物的願望。透過改變飲食、增加運動和更注重正念的生活方式,這些經歷徹底改變她對自我照護和察覺身體的態度。

然而,你不應該等到危及生命的事情發生時才採取行動。現在就承諾開始關注自己的身體,而不是之後再做。「身體掃描」練習是一個很好的起點。另外,記錄「飲食、情緒與排便日記」也是好方法。在一周內,每天記錄你吃了什麼、你的情緒狀態(用 1～5 的等級評分),以及你上廁所的次數。這個簡單的承諾可能會帶來一些意想不到的觀察,幫助你了解身體如何運作,什麼能促進你的健康,什麼會拖累身體機能。

通往情緒狀態的窗口

內感受主要與身體覺察相關,我想起過去的一些病人,他們明知自己有持續胸痛卻故意忽視,仍然堅持過著高壓且

不健康的生活方式。不過，內感受也與更廣泛的情緒自我意識相關。畢竟，身體症狀往往是心理狀態的最佳（也是最早）指標，通常會在理性思考或邏輯介入和解讀之前出現。

那些發現自己難以「感受自己情緒」之人，可能會在各種人際關係中遇到困難，無論是私人生活或職業生涯，其表徵可能是忽視頭痛、沒有意識到自己疏遠一位同事，或是讓伴侶感到傷心。他們可能對自己的疼痛或悲傷情緒有強烈的防禦機制，也可能對他人的情緒表現不適當的反應，即使是最親近的人也一樣，例如否認、被動攻擊、嘲諷性玩笑或逃避性的成癮行為。

研究表明，我們對身體疼痛的容忍度與承受壓力情緒的能力直接相關，因為疼痛閾值（pain thresholds）是相互關聯的，這種現象在生活中的許多方面都有所體現。[3]你是否曾經想過，自己如何對待撞傷或擦傷的？或者對針灸有何感覺？這些反應是否與你對壓力或失望的冷靜態度或敏感反應，有著任何關係呢？

你可能曾經感到表達自己是一件困難的事，難以清楚了解自己的感受、想法或需求，甚至幾乎無法將這些感受用言語表達出來。人們常說：「我沒有被聽到。」或者，他們刻意避免衝突或艱難的對話，卻沒有意識到「健康的衝突」實際上

可以解決許多問題，否則這些問題可能會惡化，變得比原本更嚴重。是否有某個生活領域需要你勇敢表達自己的想法？或者解決一個誤會？問問自己，如果你這麼做，可能會有什麼結果；如果不這麼做，又會有什麼後果？

讓大腦維持充足的能量供應

目前有愈來愈多的科學共識認為，有效的「大腦－身體連結」對執行功能，也就是大腦的高層次思維也有關鍵影響。這是絕對有道理的，因為內感受是依賴對其他感官的綜合覺察，以建構一個完整的「當下自我感覺」樣貌。研究發現，擁有高內感受能力（high interoceptive awareness）之人，通常在心理和生理健康方面也表現較好。2017年的一項研究結論，[4]高內感受能力的人與那些傾向於「正念生活」（mindful perspective）的人，在身心健康方面有許多相似之處。這是支持自我覺察（self-awareness）、身體韌性（physical resilience）和能量（energy）的重要因素。

在我的大腦敏捷性模型中，所有通路都依賴於充足的能量供應。能量對於維持自我意識、管理情緒的能力、在疲倦和分心時保持動力、在不確定誰可以信任時依賴直覺、在生

活陷入僵局時引入創新思維，以及在困難時期決定並堅持人生目標都是非常重要的。所有這一切始於身體。在狀態良好的日子裡，當我們的心智和身體的能量協調之時，就可以完成那些在沒睡好，或未能好好吃飯的日子裡難以完成的事情。

你是否能想到一個例子，當你忽視身體狀態時，對你造成了什麼傷害？你上一次真正全心全意、由內到外的照顧自己是什麼時候？你經常這麼做嗎？

接下來，我們將把情緒與身體的感受結合起來，探索我們的直覺：這種智慧存在於原始大腦和腸道神經元中。

8
直覺

相信你的內在聲音

有一種不使用語言的聲音。傾聽它。

—— 蘇菲派哲人魯米（Rumi）

你有多擅長承認自己的直覺？你會注意它，或繼續無視那些揮之不去的懷疑？你相信「腸道感覺」（gut feeling，譯註：gut 在英文中有腸道和直覺之意）的價值嗎？當我在商務場合中首次提出直覺的重要性時，人們通常會持懷疑態度，因為這似乎「不合邏輯」。但直覺是促進精準判斷，以及更深層自我認識的工具。我們將在此討論如何培養直覺以改善生活，以及健康的腸道菌叢如何促進正向思考。

腸道與大腦的連結

今年初,我與一位之前的客戶共進午餐。我已經多年沒見過他了,這段期間我遇到了我的先生,並且再婚。他問我:「你發生了什麼事?妳感覺容光煥發!」當我問他是什麼意思時,他說,六年前我們一起工作時,他覺得我並不是處於最佳狀態。「感覺你只發揮 60% 的能量,但現在你完全是能量滿點狀態。」

六年前,我們從未討論過我的私人生活,所以他的感覺純粹是一種直覺。我告訴他,他的直覺是正確的,當時我們共事時,我的個人生活確實經歷了一些困難。儘管我認為我的外表並未流露任何跡象,但我的狀態顯然透露了一些端倪。

我們對他人和事情常常有這種直覺,它幫助我們「感知」事情的真相,捕捉到我們的意識思維可能尚未察覺的能量。最近,將腸道稱為「第二大腦」成為一種流行說法,但我認為這種說法具有誤導性且不太有幫助。腸道並不是第二個大腦;它擁有腸神經系統(enteric nervous system),這是人體自律神經系統的主要組成之一,其運作不受意識控制(就像呼吸或心跳不需要大腦干預一樣)。

腸道是一個獨立卻又相互連結的系統,以多種方式與大

腦相連，包括我們親密關係的「內在聲音」。

信任腸道直覺的新科學

自 19 世紀中期起，腸道與大腦之間的連結成為科學研究的主題，並引發了廣泛的討論。神經生物學的研究揭示腸壁中數百萬個神經元與邊緣系統之間複雜的通訊系統，對我們的決策過程相當關鍵。[①]影像掃描清楚顯示了這些通路。正如我們所知，邊緣系統負責情緒的體驗與表達，我們的習慣與行為模式都儲存在這裡。因此，腸道－大腦系統不僅幫助調節消化系統，還影響了包含動力和接觸更深層內在智慧的能力等複雜的大腦功能。

除了情緒連結，腸道健康也很重要。自我照護的各個層面，從飲食和營養補充到壓力管理，都會影響消化系統的健康，也會影響我們的直覺。例如，有證據表明，服用高品質益生菌一個月來重建腸道菌群，就可以減少負面思維。在荷蘭的一項研究中，發現補充益生菌有助於減少對情緒低落的認知反應。[②]我每次旅行時都會食用益生菌，因為時差也會影響腸道微生物群。這是一個容易養成的習慣，除了改善腸道健康外，益生菌還能促進豐盛思維，這是額外的益處。我們在感冒或疼痛時，思考變得較慢且較困難，同樣地，當腸道處於

耗竭、發炎或運作不良的狀態時，會影響我們的直覺，使其不那麼清晰或準確。你曾經思考過腸道－大腦連結，並促進這個功能嗎？你是否以積極的方式照顧自己的腸道健康？如果沒有，以下有具體的行動建議：減少紅肉、加工食品和高糖食品有助於降低腸道發炎。了解自己是否有麩質或乳糖不耐症，食用富含益生菌的食物，如優酪乳、酸菜或泡菜，服用益生菌也會有所幫助。

▍益生菌對思考的影響

> 在接下來的一個月中，每天服用高品質的益生菌。優質品牌應包含超過五千萬株益菌（水溶性或膠囊益生菌比優格飲品更好，因為它們能到達小腸，不會遭胃酸分解）。請記錄服用益生菌後，對你的思維品質是否有任何影響。

現在，科學界已經認定一個事實：腸道與大腦的連結並非是神祕的第六感，而是有根據的事實。當我那些抱持懷疑態度的客戶想要忽略直覺時，我會與他們分享前文提到的研究。當他們聽到科學的解釋時就會明白，改善腸道與大腦的連結，並且學會更細心聆聽內在聲音是值得的。這些人經常

因頻繁旅行、飲食不當、缺乏運動和脫水等原因，出現消化問題。他們的自我照護能力不佳，卻仍然希望自己能像一部運轉良好的機器一樣，無論在心理和身體都能高效運作。

當我開始與他們合作時，我的第一個挑戰之一就是說服他們，忽視自己的需求只是自欺欺人，還會對大腦的功能和整體的心理狀態產生負面影響。

另外，愈來愈多的研究顯示，腸道微生物群與免疫系統息息相關，因為在骨髓中產生的免疫細胞品質與腸道中細菌的品質和多樣性有關。[3] 我們目前對這方面的了解還不夠，但這是一個令人振奮的研究領域，未來會對我們理解免疫力、韌性和大腦最佳表現之間的相互關聯，發揮關鍵的作用。

腸道與情緒

關於腸道－大腦的連結，有些相關事實也值得注意：你的腸道能夠製造神經傳導物質，有高達 90% 的血清素（主要在大腦中發揮作用）是由腸道產生的。血清素在許多方面產生功用：在大腦中，它是一種有助於調節情緒的快樂荷爾蒙；在腸道中，它是旁分泌（paracrine）訊號分子，會在體內引發鄰近細胞的變化。研究顯示，這一作用對體重增加有所

影響，因為它有助於調節胰島素分泌。無論是進行適當的運動，或維持均衡飲食等自我照護措施，都與腸道中健康的血清素生成有關，並且會對情緒產生間接的益處。

自我照護也是控制壓力的關鍵因素。研究顯示，壓力會透過大腦不斷傳送給腸道。[4]大腦透過交感神經纖維向腸道傳遞壓力訊息，而腸道的回應是減少消化所需的能量和血液供應。如果壓力長期存在，會對腸道的資源造成負面消耗，導致一連串的症狀，例如食慾改變、腹脹、腹瀉或便祕，甚至更嚴重的問題。時間一拉長，腸壁可能變得脆弱，免疫細胞會分泌大量訊號物質，降低身體和大腦的壓力耐受能力，使我們更容易受到壓力影響，即使壓力源消失之後，腸道仍未能及時恢復健康。

了解這些情況，並且認清相關症狀，能幫助我們監測自己的壓力程度，保持最佳免疫狀態，並改善直覺能力。無論是完成繁忙的工作專案或參加大量社交活動後需要休息調整，或者面對像腦部受傷這樣的嚴重情況，很容易遭誤解為單純的心理問題。

| 個案分析與應用 |
看似心理症狀的身體問題

　　我當醫生時,在解釋看似心理問題的症狀時,都會謹慎考量身體的因素,否則可能會導致判斷錯誤。當我在百慕達擔任精神科醫師時,曾診斷過一位年輕的新病人賈桂琳,她和朋友一起來,朋友是心理學的實習生。賈桂琳在過去幾週經歷了嚴重的個性變化,表現出極端的情緒和不尋常的行為,變得容易流淚且過於挑剔,而她過去一直很害羞內向。

　　令人震驚的是,她的朋友極力主張必須立刻將她送往精神病院。他們之前已經試圖這樣做,但遭到拒絕,而現在朋友和家人已無法再忍受她的行為。但是,我覺得事情有些不對勁,無法安排她住進精神病房,並建議他們應該回到急診部門。他們離開時非常不滿。

　　不尋常的是,幾個小時後,我接到急診部門的電話(這些醫護人員很忙碌,通常安置好病患後並沒有時間進行後續通話),我以為他們可能想說服我讓賈桂琳住院治療。但情況並非如此。事實是,她在三週前曾遭受過一次輕微的頭部外傷,導致顱內產生一個小血塊,並開始壓迫她的大腦(a subdural haematoma,硬腦膜下血腫),

> 從而引起了她的性格改變。急診醫師告訴我，如果我當時讓她住進精神科病房，醫院就沒有機會進行大腦掃描，那麼賈桂琳可能會在我的職責範圍內喪命。我永遠無法忘記那通電話。

回想一下，你能想到什麼例子，當時你的直覺警告你某件事情有問題，但你卻忽略它嗎？你上次有一個很棒的預感，並且選擇相信它又是什麼時候？整體來說，你是否經常信任自己的判斷，而不是尋求他人的建議，或感到非常困惑和矛盾？

你可以傾聽自己的身體，並相信自己的直覺，即使這與你的健康無關。例如賈桂琳的朋友或我，我們都本能地感覺到有些事情非常不對勁。如果你有孩子，這種感覺可能會讓你產生共鳴。如果你沒有，你也可能曾經有過這種感覺。如果尚未有過這種感覺，請記住，你內心也擁有這種力量。請培養直覺，相信直覺，它真的非常神奇。

9
動力

保持韌性以實現目標

一個人知道自己為何而活，就可以忍受任何一種生活。

—— 尼采

人類的基本驅動力包括睡眠／清醒、飢餓／口渴，以及繁衍後代。除此之外，我們還擁有一些特別能夠驅動我們的事情，例如幫助他人、精進心智、財務成就或創新精神。當然，也會有較為負面的動機，例如恐懼、報復和憤怒，甚至成癮。我們可能很了解某些動機，但可能較少意識到那些更隱蔽的驅動力，例如遭到拋棄的恐懼，或追求完美的動力。

動力就是支撐我們前進的力量，尤其當放棄看起來更容易的時候。韌性將這種驅動力與從逆境中復原的能力相結合，並幫助我們適應未來的挑戰。如果我們對自己的目標非常清楚，就能以更靈活和積極的心態來面對困難。擁有動力

的人，消極的失敗主義並不是選項。因此，如果你希望充分發揮潛能之源，並建立充滿韌性的思維，理解自己的驅動力非常重要。

目標感：掌控 X 因子

沖繩居民以長壽而聞名。因此，科學家研究了當地人的生活方式，試圖找出他們健康長壽的祕密。研究發現，沖繩居民擁有強烈的「生存意義」，這在日語中稱為「生きがい」（ikigai），字面意思是「我早晨起床的理由」，也就是目標感：「為什麼要？」。[1]

擁有強烈的目標感與幸福感密切相關，確保我們以目標為導向，並且因為對特定結果的渴望，激勵我們保持堅持不懈的韌性。目標感屬於一種複雜的潛意識大腦狀態，與我們的生存本能密切相關，能確保我們專注目標，不容易因為破壞性習慣或成癮行為而分心或偏離目標。這一點十分重要，無論小到手機訊息的鈴聲，或嚴重的酗酒或飲食失調，這些干擾都會對達成目標造成阻礙。當我們的目標感愈強烈，而且有足夠的吸引力，無論是誘惑或困難，都無法輕易使我們偏離正軌。

強烈的目標感能夠在我們應對較小目標時，仍然心懷大局。這是極大的優勢。有目標感的人更有可能充滿熱情。當我第一次聽到蘋果公司創始人賈伯斯（Steve Jobs）說：「如果你追隨自己的熱情，你就會獲得成功」，我認為像他那般超級成功的人來說，講這種話很容易。但當我改變職業方向後，我親身體驗了這句話的真理，現在對此深信不疑。

當年輕人問我該選擇哪個科系，或未來該從事哪種職業時，我認為這句話也是我能提供的最好建議。因為當情況變得困難時，正是熱情讓我們保持動力。追隨熱情就是體現內在的強烈目標感。如果目標是追求巨額金錢或物質生活方式，卻與內在熱情無關，那會是巨大的錯誤。我一次又一次見證這種情況，當某種危機來臨時，人們發現自己從未真正熱愛自己所做的事情，只是為了維持某種生活方式。這種缺乏意義和目標的態度最終會造成身體、心理或情感上的問題，甚至導致極度倦怠。

我遇過許多具有強烈動機和韌性的人，都克服了過去的童年創傷。每當我感到不堪重負時，我會回顧那些成功克服逆境的著名人物，以此提醒自己的困難相當微不足道：比如曼德拉和大屠殺倖存者維克多・法蘭克（Viktor Frankl）。如果我茫然失去方向，或覺得看不到隧道盡頭的光明，讀過曼德

拉的一些著作或演講後，總會感覺好多了。以下是他關於釋放負面情緒，並讓正面情緒蓬勃成長的名言：

> 當我走向那扇即將引領我朝向自由的大門時，我知道，如果我不將痛苦和仇恨拋在腦後，我將永遠無法真正自由。

在我看來，克服創傷與建立韌性之間的關聯並非巧合。從早期學會如何應對現有的挑戰，例如失去摯愛的人、離婚、被迫搬遷，遠離朋友和家人，可以引發一種強烈的內在決心，即使生活中出現意外挑戰，也能茁壯成長。

我們的失敗（或可說尚未實現），如果從豐盛心態和神經可塑性的力量來重新定義，會讓我們變得更強大，只要我們擁抱它們，並決心將其視為潛能之源的養分和動力，而不是消耗它。不要因為這些觀點聽起來是常見或老生常談的真理，而忽視它們的價值。

為了深入了解我們深層的動機，首先需要對自己完全坦承。我們真正想從生活中得到什麼？為什麼我們想要它？將這個問題如同種子般植入腦中，讓它生根發芽，它會自然而然啟動許多心理層面的反應，幫助你在第 13 章中制定行動計劃。如果你覺得這樣做很困難，與心理教練合作，或參加工

作坊或靜修營，可能會有所幫助。

保持熱情

我從個人經歷中知道失去動力是什麼感覺，這正是我決定離開醫界的情況。當我逐漸失去熱情，並且意識到我需要轉行，我感到疲憊不堪，筋疲力盡，彷彿再也無法在工作中做回自己。這一切悄悄地來了。一開始，我將其歸咎於典型的醫師處境：畢竟我周圍幾乎每個人非常疲累、過勞。漸漸地，我的直覺告訴我，這其中還有更多原因。

內感受讓我能解讀身體能量耗盡的訊號：我總是感到疲倦，對那些不盡責的同事感到憤怒，並且缺乏智識方面的刺激。此外，我根本無法想像自己身為精神科醫生十年或二十年後的樣子。我看不到未來，這也不是我想要的未來。對我來說重要的層面，也就是促使我最初選擇學習精神科的原因，例如創造力、神祕感和自主性等，在工作中逐漸遭到忽視。

當我決定重新接受訓練，成為一名企管教練時，我知道這是場冒險（我的一些朋友和家人對此感到一頭霧水，認為這實在太魯莽了），但我對新目標的動力讓我確信自己做出正確的決定。我從未對任何事情感到如此有動力。

儘管在培訓的過程中，我時常自我懷疑（身邊都是經驗豐富的商業人士，我感覺自己完全不適應），儘管非常艱難，但我仍決心要獲得成功。在與課程導師珍進行期中評估時，我哭得很慘，因為我在這次職業變動中投入了太多情感，我非常希望這一切能順利進行。我當時確信她會告訴我，轉職這件事永遠無法成功，應該回去當醫生。在整個過程中，珍安靜聽著我說，並表示同情，然後認真地說：「塔拉，我現在告訴你，你做得非常棒，但我覺得你聽不進去，你很懷疑自己，無法看見自己的成就。」後來，當我開始發展教練業務，她告訴我：「有些人擁有某種程度的動力和渴望，使其與眾不同，而你有這種特質。」

人們經常說我會成為一名好醫生，我並不是沒有聽過這類恭維，但這一次，我選擇接受它，從中學習並加以利用，而不是以某種形式的假謙虛來回應這個讚美。我選擇堅信這一點，而不是內心不斷阻礙我的負面聲音。我堅定不移，充滿了成功的強烈動力。我想起一個心理學理論，它是關於困境可能帶來的正面影響：最初的自卑感會促使你更加努力，並逐漸提高自己的能力，轉化為高度的專業能力或成功。我準備接受這個觀點，並理解某種更大的力量在發揮作用，如果我能發掘它，就能創造理想的未來。

對我來說，我的渴望和動力來自於正面和負面情緒的交織。我改變的動力來自於我渴望改變現狀，擺脫在醫院擔任醫生的職業。再舉其他的例子，如果你因為在一段關係中感到悲傷和受限而選擇離開，同時也是因為你想建立更幸福的未來，並找到一個擁有相同價值觀和抱負的伴侶。同樣的，休假一段時間，出租你的公寓並去旅行，可能是逃避現實的方式（對工作或人際關係的厭倦），但你也渴望擁有一次改變人生的冒險，從而獲得新的觀點。提前為假期健身也是一個正負面動機交織的例子，你擔心穿泳衣展露身材，希望有更好的體態。

然而，有些負面動力只需要在萌芽階段就加以制止。在日常生活中，察覺那些感到失去動力事情，並且意識到我們遭到某人或某個活動耗盡精力，可以幫助我們保持目標導向，避免養成破壞性的習慣。

當心負面的動力

強烈的生存情緒，例如恐懼、厭惡或羞恥，往往能成為強大的動力。大腦最強的驅動力是生存，我們的大腦和情緒反應是根據過去在洞穴時代的生存需求，但現代生活的挑戰和需求已經發生了變化，但我們的情緒系統尚未完全適應這

些變化。

人們很容易誤判羞恥或悲傷等情緒,因為大腦會將其包裝成一種積極的選擇。例如,我們可能會說服自己繼續待在一段不健康的婚姻關係中,因為我們有各種理由認為這是正確的事情。實際上,真正的動機可能來自於恐懼或羞恥:我們只是不想孤單生活。同樣的情況也發生在不再適合的職業,或那些不再讓我們感覺良好的友誼。

負面動機最容易在動力低落時悄悄潛入,例如遭遇困境,好像沒有任何進展。此時,它們可能會在潛意識破壞我們的積極努力,讓我們無法有效前進。了解自己、相信直覺、管理情緒,並且制定明智的決策,有助於我們辨識這些負面動機並挑戰它們,從而創造更好的未來。

|個案分析與應用|

減少干擾因素

有位二十多歲的電影製作人李,跟我抱怨自己感到不堪重負。在一個專案失敗後,她感覺自己一直無法突破障礙或困境。她知道自己需要振作,重新找回製作好作品的動力,但這次挫折讓她感到沮喪,可是她就是無法集中精神。我請她列出分心的事物、那些讓她失去動

力的事情,以及她真正的動力來源。一週後的日記中,她列出以下的失去動力的原因:

◆ 查看社交媒體,並與其他電影製作人進行比較。
◆ 不自覺地瀏覽自己的社交媒體動態,提醒自己曾經的快樂時光。
◆ 在家工作時,因為打理家務事而分心。
◆ 浪費時間瀏覽交友網站上的介紹檔案。
◆ 支持一位我喜愛的好友,但她卻讓我感到負擔。
◆ 晚上喝太多酒。
◆ 看大量無聊的電視節目。

與此相對,她列出的「動力清單」如下:
◆ 觀看一部具有啟發性的電影。
◆ 聯絡一位以前的心靈導師尋求建議,並相約喝咖啡。
◆ 冥想。
◆ 一整個早上都專注於發展新的想法,並且暫時關掉所有科技設備的通知。
◆ 參加展覽。
◆ 跑步。

李藉由更加警覺自己的分心習慣,並提醒自己什麼

> 能夠保持專注,她決定做出一些改變。一開始,當她感到動力減弱時,還需時常翻閱這份清單來提醒自己,後來她逐漸自然而然地內化這些動力來源,成為日常的一部分,不再需要刻意提醒。她也主動訂立規則來限制那些會削弱動力的習慣或行為。她表示,這仍然是一個持續調整的過程,但每次付出努力,都讓事情變得更容易一些。

請預留日記中的兩頁,為自己設計類似的清單,看看是否有任何可以立即進行的改變。

社群媒體對動力的影響

社群媒體可以是一種啟發,也可能是一種干擾。我個人對它抱持開放的態度,但我認為設定界限很重要。如果你經常不自覺查看手機,那就試著讓這件事變得更困難,例如刪除手機上的應用程式,但保留在平板電腦上,只在晚上使用。許多研究顯示,花過多時間在網路上對心理健康不利。[2] 請為自己設定一些限制,幫助你更有效管理時間。管理任何讓你偏離目標的事物。

選擇不同的視角看待人生

在壓力大的時候，保持適當的視角，並用長遠的眼光看待人生，會很有幫助，尤其是當你覺得自己與理想目標之間的距離遙不可及時。每個人都會經歷困難，例如親人離世、感情破裂或財務問題，這些都是人生的一部分。保持適當的視角，提醒自己世界上總有比我們更困難的人，這是一種有益的心態。當然，也有許多人比我們過得更好，但我們仍然可以記住，自己的困難並非世界上最糟的，儘管有時候可能會這麼覺得！舉例來說，如果你能夠買到這本書，或是能夠接觸書籍，甚至有時間專注於個人成長，那麼你已經比世上大多數人幸運了。正如之前提到的，歷史上許多人曾經歷的苦難，例如奴隸制度、種族隔離或大屠殺，這些都是我們難以想像的。因此，如果我們願意選擇不同的視角，大多數時候我們仍然可以覺得自己是幸運的。

視角不只是與此刻的時間相對比，也涉及與他人經歷的比較。我常問自己的一個問題是：「五年後這件事還會重要嗎？」即使是當前看似重大的問題，答案通常是「不會有太大影響」或「根本不重要」。另一種獲得適當視角的方法是問自己，如果兄弟姐妹或年輕時的自己遇到相同的困境，你會

給他們什麼建議？當我們將問題從個人化的角度轉到關心之人身上時，大腦會以較理性的方式處理問題，使它更容易掌控，因為去個人化可以降低問題對大腦產生的威脅感，進而制定更冷靜和明智的決策。

另一方面，當我與人共事時，常有人會因為所謂的「第一世界問題」(first world problems)而感到內疚，好似自己的問題相對比較輕微，特別是世界上有那麼多人生活在貧困線上，甚至以下。我向他們保證，就像大腦無法區分想像與真實的情境，所有問題對我們而言，無論大小，我們的情緒都是確實存在的，心理的壓力和挑戰都是真切的。

此外，我也會聽從自己的建議，意味著當我覺得自己應該像女英雄一樣不顧一切堅持下去時，我有時會提醒自己，假如有位病人來找我，訴說自己面臨的 x 健康問題、y 家庭困擾和 z 工作壓力，我會跟對方解釋：一個人的承受能力是有限的！擁有正確的視角能讓我們對自己更寬容一些，尤其是當我們擁有良好的因應策略，並採取本書提供的積極做法時。

當我們從全局看待問題：只有當我們沒有從錯誤中學習時，它才是真正的錯誤。因此，我們應該訓練大腦，不要重蹈覆轍。當我們感覺人生不斷打擊我們時，可以試著將自己想像成一條蛇，不斷蛻去舊皮。我們或許需要一次又一次經

歷這個過程，但每當我們從困境中復原並學習成長時，就能以更成熟堅韌的姿態面對未來。

行動時刻

無論你的目標或意圖是什麼，它可以是追求平衡的生活、更健康的身心，或轉換職業跑道，強化你的動力都能幫助你將想像轉為行動。如果你希望夢想成真，就必須開始採取行動，並且培養持續前進的韌性，擁有耐心，克服分心的干擾，直到達成目標。你是否清楚知道自己的目標是什麼？要做哪些事情才能逐步實現？有哪些可能的障礙正在阻擋你？

堅守豐盛思維的信念（記住第 1 章的原則一），以及對實現目標的信心，能夠加強我們的動力。當我們相信世界上有足夠的財富、愛情、成功與滿足感，只要願意行動並調整心態，自己也能擁有，就不會抱持「匱乏」的心態，其往往限制我們的發展。這正是動力的關鍵所在，因此我在這裡再次提醒你，擁有這樣的思維方式，能夠擴展我們對可能性的認知。

若想要實現豐盛的人生，就必須在生活中為其騰出空間，並進行具體改變。有時候，這意味著需要勇敢地跨出一

步,離開一份工作或結束一段關係。有時則是細微的調整,不需要激烈的大動作,這種改變比較微妙,需要由許多微小的行動累積而成,幫助我們逐步實現自己想要的人生。

10

邏輯

制定正確的決策

一個人能犯的最大錯誤,就是害怕犯錯。

—— 艾伯特・哈伯德(Elbert Hubbard)

以前人們認為邏輯思維是天生的,也就是說,一個人可能擁有「良好的邏輯思維能力」,或者沒有。在童年時,可能父母和老師已替我們決定了我們屬於哪一個類型,而我們自此深信不疑,無論這種推斷的影響是好是壞。

一般而言,我們傾向認為擅長科學和數學的人更具邏輯性和分析能力,而藝術家則較缺乏這些特質。現代社會高度推崇邏輯與分析能力,而創造力、直覺和同理心則遭到低估,甚至將這些能力稱為無法具體量化的「軟實力」(Soft Skills)。不過,無論在精神科診所、日常生活,或是社會上最成功的一群人當中,這些軟實力往往比邏輯思維更難掌握。

也許是因為這些能力更精細且複雜，或我們從小就被教導要以邏輯思考。如果我們想發展良好，特別是在人工智慧和機器學習崛起的時代，應該將大部分精力放在信任直覺、掌控情緒，以及培養塑造自己未來的能力。

當你正在閱讀這本書，本身就證明了你已經具備一定程度的邏輯能力，但進一步理解強烈情緒或不自覺的偏見如何影響你的邏輯判斷，可能會帶來額外的收穫。

左腦和右腦的迷思

長期以來，關於「左腦－右腦掌管不同功能」的迷思，成為許多性格測驗、自我成長書籍和團隊合作活動的基礎。然而，隨著科學的發展，我們對大腦運作的理解已經有所突破。如果我們希望突破思維限制，就必須將大腦視為一個互動系統，而非簡單劃分為兩個獨立的半球。

過去，我們認為邏輯與分析思維發生在左腦，而創造力與情感思維則來自右腦。然而，現代神經科學顯示，任何複雜的決策過程都會同時運用大腦兩側，並且是整合性的。當人們面對複雜問題時，大腦掃描顯示多個不同且表面上無關的區域會同時活躍。所有訊息在左右、前後、上下方向相互

流動，而且當這些連結愈靈活且健康，大腦的整體運作就愈佳。

事實上，並沒有證據顯示邏輯分析能力完全來自左腦，而創造力則完全來自右腦。同樣地，創意人士並不會比理性分析者更常使用右腦，理性思考者也不會特別依賴左腦，更沒有證據顯示左撇子比右撇子更具創造力。

2013年，美國猶他大學的研究人員對一千位，七～二十九歲受試者進行功能性磁振造影（fMRI）掃描（這項技術能顯示與大腦活動相關的氧氣含量變化）。研究結果發現，真正讓我們能夠同時進行創造性與分析性思維的，是大腦兩側各區域之間的連結，而不是依賴大腦的單一半球。[1]這項研究進一步顯示，所謂的「左腦－右腦分工」只是過時的迷思，而真正關鍵的是大腦區域間的協作與整合。

大腦兩側在其運作過程中呈現平衡狀態，擁有大致相同的神經網絡和連結性。

這種觀察健康大腦的能力是較為近期的發展。過去，我們只能從研究患有大腦疾病的人獲取大腦運作的資訊。1960年代，對接受過胼胝體（corpus callosum）切除術（用於治療精神分裂症的一種方法）的病人進行實驗，讓科學家們確定了大腦兩側在語言、算術或藝術等方面的主要責任。雖然這其中

有一定的真實性，但隨著對健康大腦的 fMRI 技術發展，已經證明大腦是一個動態的系統與網絡的結合，左右兩腦神經元之間的活動是複雜且多向的，共同參與各種認知和感知過程。

邏輯的危險性

當我們的大腦試圖將邏輯應用於某個情境時，其實是嘗試觸及它所知道的因果規則：即每個行動都有後果。這一點的正面意義在於，我們對自己的行為負責、寬恕自己，並且從錯誤中學習，這些都是大腦處於健康狀態的特徵。但是，負面影響是它可能讓我們變得過於謹慎、不敢冒險。

人們通常認為，邏輯與魯莽、缺乏深思熟慮的決策對立，也讓我們誤以為邏輯是冒險的敵人。事實上，邏輯應該支持並鼓勵我們去承擔經過深思熟慮的風險，幫助我們學會識別值得承擔的挑戰，推動我們做出比顯而易見的選擇更大膽的決策，在不犧牲穩定與安全的前提下，實現成長。在衡量重大決策的利弊時，記住這一點非常重要，儘管我們很容易因為過度思考和決策疲勞而感到困惑。一般來說，一旦我們做出決定，通常會覺得它並不像想像中的那麼糟糕。關鍵是制定決策，並且付諸實行。

運用邏輯制定決策的權衡過程相當複雜，同時非常耗費能量。令人驚訝的是，儘管決策之前的反覆思考需要耗費心智能量，實際上，做出決策的那一刻對大腦來說是最消耗能量的。這就解釋了為何減少日常中不必要的選擇（如穿什麼、吃什麼、看什麼、應該在社交媒體回應什麼）是一種有效的方式，能幫助我們保留進行重大和重要決策所需的能量。這種方法被稱為「選擇減量」（choice reduction），範圍從定期的早晨例行公事或前一晚準備好隔天要穿的衣服，以避免將大腦能量浪費在太多小事情上。

同時，值得注意的是，邏輯思維並不一定適用於每個生活的領域。想想你在工作和私人生活中的朋友或同事，是否能想到一些例子：這些人在工作上往往能夠制定良好決策，但個人生活卻因錯誤的決定而飽受困擾，比如有害的友誼、錯誤處理家庭關係、與子女疏遠等情況？許多人在工作中表現優秀，但個人生活卻一團糟。這證明了強大的邏輯能力和情緒管理能力無關。你需要在不同的生活領域中分別發展兩種能力，才能最大化自己的潛力，沒有捷徑，無法用一種優勢彌補另一方面的缺失。

大腦與「模式辨認」系統

我們來看看,當我們運用邏輯決策時,大腦中會如何反應。在理想情況下,這個決策會在大腦中(無論是身體、心理、情緒和靈性層面)相互協調,並且平衡地利用所有相關的神經通路。實際情況往往並非如此,神經通路會出現不協調的情況,並需要對它們進行排序,確定哪些因素最重要,哪些因素次要,利用過濾的過程來減少風險帶來的負面後果。

當我們面臨「該做什麼」的問題時,大腦的「模式辨認」系統就會啟動。這是一個複雜的過程?綜合來自大腦不同部位的訊息,並喚起以往相似決策的記憶。我們會在大腦皮質中理性進行每個選擇,當大腦試圖制定出最佳回應時,會將當前情境與過往情況進行對比。此時大腦會自問:「根據我所擁有的數據,這樣做是否合理?」然後評估這個選擇如何影響邊緣系統:「這樣做感覺對嗎?」邏輯大腦計算可能的結果和潛在的後果,像下棋的選手一樣,運行一系列「如果……會怎樣?」的情境。

接下來,為了指導決策,情緒價值標記發揮像螢光筆的作用,告訴我們應該注意哪些過去(和現在)的訊息。這一切都受到對過往記憶的情緒反應的影響,也就是發生什麼,結

果如何，以及反應如何導致成敗。每個人的記憶都會受到當時情緒的影響，有助於我們在當下進行邏輯的評估。我們的直覺會支持，或者與邏輯和情緒的答案產生衝突，最終我們會選擇風險最小的路徑。即便如此，我們經常會在決策後抱持著懷疑的心態，認為自己或許可以做出「更好的」選擇。重點在於，每一個決策無論是否合乎邏輯，總是會遭到情緒左右。

我們無法避免大腦尋找這些情緒標籤，而且情緒在決策過程發揮關鍵影響力，以至於研究顯示，當大腦中負責理解情緒的部分受損時，儘管客觀分析能力仍然存在，決策會變得緩慢且無效。[2] 這說明了邏輯無法獨自運作來達到最佳效果，它需要與其他思維方式合作，特別是與情緒合作。

我們可以採取哪些措施，來確保邏輯思維的正確性？對「模式辨認」系統抱持懷疑態度，並將潛能之源當成監視者，它可以對情緒標記發揮建設性的挑戰作用，並對我們基於過去經驗做出的推論進行檢查，不讓其影響現在的判斷。有時模式辨認系統運作良好，有時卻導致嚴重錯誤。在《錯誤決策的四個陷阱》（*Think Again*）一書中，三位管理學者分析成功領導者所做的八十四個錯誤決策。他們發現，大多數情況下，

當領導者的大腦聯想起過往經歷的情況時，會過快地跳到結論，導致錯誤決策。[3]對他們而言，看似合乎邏輯的結論，可能只是來自大腦的自動模式辨認，而非真正的理性分析，危險之處是他們沒有意識到這些假設是錯的。

有些人，甚至是非常精明的人，缺乏全面思考的能力，可能原因是過分依賴自己的觀點、缺乏情緒智商，或強烈的潛意識偏見。這也是長期關係中常見的問題，尤其是離異的夫妻，當其中一方或雙方感到不滿，卻需要為了孩子而跟「蠻橫的那一方」互動。在慣性的行為和思維模式中，我們可能會無法從另一個角度看待問題，固守「我就是對的」態度時，就會忽略真正的問題所在，或執著在關係中所扮演的角色（無論是提供者、照顧者、成人或其他角色）。在這種情況下，理性分析能力下降，無法依靠邏輯思考，偏見取而代之，形成「錯誤邏輯」（false logic）。當錯誤邏輯佔據主導地位會相當危險，因為我們會以為自己的觀點是正確的，沒有意識到自己可能忽略了關鍵資訊，甚至不知道自己有這個盲點，讓錯誤邏輯更難以察覺和修正。改變錯誤邏輯不是容易的事，需要極大的意志力，以及有意識培養情緒敏感度和自我覺察，來重新平衡思維，但這是可以做到的。

辨識錯誤邏輯

即使是最聰明的人也可能犯下極大的錯誤,將偏見當作真理來看待,那麼辨識錯誤邏輯,找到正確邏輯的最佳方法是什麼?在我看來,最重要的批判性思維是向內探索,以評估自己的想法是否值得信任。第一步是有意識回憶過去類似的情況,這些記憶可能會在潛意識層面影響我們對當前情況的評估。接著,我們需要有意識挑戰一連串基於比較過去經驗與當前情境而產生的思維過程,這種思考模式可能會導致錯誤的推論。我們應該問自己以下三個問題:

- ◆ 現在的情況有什麼不同?
- ◆ 我對過去情況的詮釋是否準確?
- ◆ 我能否從另一個角度思考當前的情況?

我們需要平衡自己的思維,並質疑自己的假設,避免偏見和固有觀念影響我們的判斷。

以邏輯思考意味著解決問題的能力,靈活且變通地思考。這種思維方式跨越多個層面,與簡單的「從 A 到 B 的思考」完全相反。當我們愈是以這種全面的方式思考,愈能掌握這種思維方式。從神經可塑性的角度來看,我們需要重新訓練自己,適度運用邏輯和理性,面對新的情況時,能夠充份

發揮並調整其他思維模式。

　　人類的邏輯和決策過程會不斷受到周遭環境的影響，無論是來自他人、家庭環境，或是新的學習經歷，這些都在提醒：我們有能力調整和衡量自己的邏輯。當我們需要制定基於邏輯的重大決策時，應該反思自己在哪些方面具備優勢，在哪些方面有待改善。閱讀這本書，並且吸收內容，會影響你以不同的方式運用邏輯進行良好決策。不過，持久變化的程度將取決於你的行動：你是否將書中的建議和練習付諸實踐。

11

創造力

打造理想的未來

> 如果你聽到內心的聲音說:「你不會畫畫。」那你一定要繼續畫,如此一來那個聲音才會消失。
>
> —— 梵谷(Vincent van Gogh)

創造我們夢想的生活需要遠見,不只是想像我們所希望的現實,還要能夠發現周圍不斷出現的潛在機會,這些機會可能幫助我們朝著那個未來前進。從這個角度來看,創造力並不是傳統意義上擅長藝術或充滿新點子的能力,而是透過選擇接觸的事物來影響思維與行為模式,主動選擇設計未來。如果你仔細觀察,這樣的例子無處不在:從那些重新塑造自我的名人,成功地重新定義自己的身份與職業,例如貝克漢夫婦、麥莉・希拉、馬克・華柏格、安潔莉娜・裘莉、蕾哈娜、金・卡戴珊、賈斯汀或阿諾・史瓦辛格,再到那些

改變世界的開創性人物,例如林肯、曼德拉、甘地、居里夫人、雷德莎修女、馬丁‧路德‧金恩,以及協助英國女性贏得投票權的艾美琳‧潘克赫斯特(Emmeline Pankhurst)。

　　創造力就是自由。它使我們利用潛能之源的全部力量,創造我們設計的生活。以意想不到的方式來運用大腦的神經通路,利用吸引力法則和視覺化來實現我們的渴望。

　　有創造力的大腦擁有不同的視角與解讀能力,將想法以意想不到的方式付諸實踐,藉由將看似不相關,甚至對立的概念來孕育新的想法。這是人類心智的新超能力,同時也是古老的超能力:重新發明、想像、改進和重新思考。當我們運用全腦思考,並將全部創造力投入某個情境時,我們看到的是可能性,而別人看到的是限制。我曾在一次派對上遇到一位奧運帆船獎牌得主,他告訴我:「當大多數人站在海灘上看著海平線,他們看到的是結束。我看到的是開始。」創造力給了我們詮釋的力量。

　　如果要具備創造力,不只是思考,而是要有勇氣表達自己的觀點,應該珍視自己的想法和詮釋。當我向人們解釋這件事時,他們往往覺得這是個相當激進的想法。我經常聽到這樣的回應:「可是我沒有創意。」這令我沮喪又難過。傳統的觀念對創造力有非常狹隘的定義,通常與天生的藝術才華

有關,就像「邏輯大腦」一樣,人們通常認為你具備創造力,或者不具備創造力。我在學校時被告知我不具備創造力,因為我不擅長畫畫。事實證明,有一整個世代的人都受到這個錯誤觀念的影響。

創造力的神經科學

神經科學家目前正積極研究創造性思維的特徵。哈佛大學的研究人員近期發現了一種與產生創意相關的腦部連結模式。[1]在這項研究中,受試者身處於腦部掃描儀器中,並要求他們為日常物品(如襪子、肥皂或口香糖包裝紙)想出新的用途。有些受試者的思維被常見的且缺乏創意的用途局限,難以過濾這些既定概念,答案較缺乏創意,如「襪子用來保護腳」、「肥皂用來吹泡泡」或「包裝紙用來包口香糖」。相比之下,具有高度創意的思考者,展現更強的腦部網絡連結(分別負責「思維漫遊網絡」、「專注思考網絡」與「選擇性注意力網絡」),因此能夠跳脫框架,想出更具原創性的點子,例如:襪子可以用來過濾水、包裝紙可以作為信封封條,或肥皂可以製作天線導線。

停止負面過濾

　　思維漫遊、專注思考與選擇性注意力這三種能力可以藉由練習來增強。給自己足夠的時間與空間，在無干擾的情境下自由思考，有助於激發新觀點與新想法。這就是主動讓大腦不受拘束思考所帶來的好處。當我們有意識地聚焦自己的願望、期盼與夢想，大腦將可以幫助我們更快發現機會，進而實現目標。這種思維方式被稱為大腦的選擇性注意力，可透過行動板與視覺化來達成。

　　最後，我們經常在不自覺中過濾掉那些看起來「不合常理」或「看起來奇怪」的想法，但如果能夠放開思維的限制，就能夠促成行動。因此，我們需要鍛鍊自己的選擇性注意力和篩選能力。

　　在第9章，我們談到了「為什麼」的重要性，但這裡要鼓勵大家改變思維，問自己「為什麼不？」為什麼不申請那份新工作，或者接受朋友介紹的約會呢？為什麼不開始那個拖延已久的興趣？當你專注於某件事時，突然想到某個點子，請不要直接忽視它，先寫下來，之後再評估可行性。或者，你可以透過翻轉思維，從不同角度來尋找新解決方案。

　　下次當你發現自己在自我審查時，試著問自己：這個被我排除的想法，是否可能是一個有價值的點子？提醒自己，

以豐盛的視角來思考,而不是匱乏的角度。

有一種稱為「快速成型」(rapid prototyping)的腦力激盪法,主張盡可能提出各種想法,將那些行不通的想法歸入「未來再嘗試、不同情境下嘗試」的清單中,並持續發想,直到找到當下最適合的方案。當我考慮創業時,我前夫的叔叔是一位可愛的連續創業家,他建議我列出可能的商業構想,他說當清單上達到一百個想法時,當中一定會有一個值得實行的選項。我花了兩年才列滿一百個點子,但當時我從內心深處確信,擔任輔導教練就是讓我離開醫學領域的理由。我感到既緊張又興奮,但最重要的是,我對自己的選擇充滿信心,並下定決心全力以赴,實現我想要的未來。

沒有壞點子

我認識最具創造力的朋友,是位白手起家的企業家,她總是在創新,不斷構思新計畫。她的伴侶也是如此。我曾經問她成功的祕訣是什麼,她簡單地回答:「在我們家裡,沒有壞點子這回事。」她解釋說,她和伴侶給彼此和孩子充分的自由,探索各種想法,而不會輕易否定它們,好的點子自然會浮現並脫穎而出,如果在想法尚未經過仔細評估前就加以扼殺(不論是自己的或別人的想法),只會造成傷害。

當我們允許自己敞開心胸，去嘗試各種潛在的想法和可能性時，創造力會帶來回報，並在意想不到的地方發現機會。這樣的思維方式讓我們能夠感知何時應該抓住機會，何時應該質疑或追求某件事。它幫助我們培養敏銳的直覺，擁有足夠的彈性，以辨識那些可能被忽略的機會。

作家馮內果（Kurt Vonnegut）曾寫道：

> 我們必須不斷地從懸崖上跳下去，並在墜落過程中發展出翅膀。

這句話完美詮釋了創造力的本質。它並非是華而不實的附加價值，而是一種運用資源的能力，能夠幫助我們思考且克服困難與挑戰，最終脫穎而出。誰不想精通這樣的能力呢？

請記住，你已經很有創意！

如果你仍然有點懷疑自己的創造力，請看看周圍的事物。你打造了你的家、你的事業、一段感情關係，可能還有孩子。你創造了三餐、對話、營造客人來訪時的歡樂氣氛、花園、友誼……除了日常生活中創造的事物外，還有一些更加明顯的創造性嗜好等待著你去探索。如果你覺得自己缺乏

足夠的創造力表現作為範例,那麼就去嘗試一些新事物!記住我們學到的關於新奇性對神經可塑性貢獻的知識(參見第4章)。你對自己的創造力有什麼先入為主的觀念?你認為自己在哪些方面有創造力?

我們每個人天生都有創造力,是時候發揮這種內在力量,並運用它來大膽地突破常規、勇敢表現真實的自己,活出你想要的人生。設定一個宏大的目標,並全力以赴去實現。接下來幾章中的練習旨在幫助你發揮創造力,並幫助你塑造理想的未來。

PART 4

點燃潛能之源：心想事成四步驟

無論你現在做什麼，或你有什麼夢想，就開始吧。因為大膽的行動中，蘊含著天才、力量和魔力。

―― 歌德

現在來點刺激的！你已經閱讀本書，了解你的大腦通路如何發展，以及如何利用神經可塑性的力量來強化它們。你學到豐盛心態的轉變力量，並理解如何具體想像你的理想未來，激勵自己朝著目標邁進。現在，是時候採取具體的行動來實現自己的真正目標！

無論你的目標是與工作或愛情相關，或是關於個人自我發展，我鼓勵你踏出自己的舒適圈，從新的視角和方法來解決問題或達成目標。這樣的改變需要勇氣，才能創造出新的結果。透過簡單和較為複雜的練習，目的是加速激發內在潛力。

練習有四個步驟，可以根據個人情況調整進度，你可以選擇在四個星期或四個月內完成計劃，具體時間長度取決於你的需求和能力。黃金法則是，只有當你覺得從上一個步驟中獲得有意義的收穫之後，才可以進入下一步。在適當的情況下，當你向前邁進時，繼續保持前面步驟的行動和習慣。

這個四步驟計劃以認知科學為基礎，並以持續性的行為改變為原則：

- 步驟 1：提升自我覺察（第 12 章）。辨識不自覺的習慣，並關閉自動駕駛模式。你在閱讀本書的過程中，應該已

經開始反思自己的行為與思維模式，可能已經意識到某些需要改變的地方。第 12 章的練習將進一步激勵你擴展自我覺察，精確找出最需要轉變的行為與思維。

◆ 步驟 2：設計強大的行動板（第 13 章）。當你清楚意識到自己需要改變的部分後，這將成為步驟 2 的基礎。設計強大的行動板，打造你的未來願景，並設定改變的目標。

◆ 步驟 3：專注的注意力（第 14 章）。若想將你想像的未來變為現實，必須採取行動。練習新行為和訓練自己以全新的方式思考，將能夠更專注當下，並利用正念與視覺化來幫助自己將精力投入真正重要的事物上。

◆ 步驟 4：刻意練習（重複）（第 15 章）。在這個階段，你將針對潛能之源的不同面向進行重複和持續的練習，將新行為與思維模式內化，讓它成為你的一部分。確保自己能蓬勃發展，充分展現潛能。

當你逐步改寫過去深植於內心的信念系統，你的思維模式將開始轉變，進而重新塑造一個全新的自己。你將更有能力應對生活中的各種突發狀況，並且能夠更有效地獲得自己想要的生活。

我根據自身的經驗發現，當我和客戶一起實踐這些步驟

時，改變的效果會迅速累積。當你開始看到且感受到改變的成果時，你會更有動力。當你開始以「豐盛」與「顯化」的角度來生活時，你會發現自己的內在力量增強。當這個過程持續發展，你將懷著敬畏與興奮的心情，看著潛能之源如何指引你的命運，讓你的潛能得以全面發展。

12
步驟 1 提升自我覺察
關閉自動駕駛模式

> 在你意識到「潛意識」的運作之前,它會主導你的人生,而你會以為一切都是命運的安排。
>
> —— 榮格(Carl Jung)

我非常喜歡榮格這句話,它精準描述了潛能之源的核心精神,並展現它幫助我們開啟光明未來的潛力。現在,我會介紹一系列練習與視覺化訓練,來啟動潛能之源,並將潛意識帶入意識層面。請確保你能夠騰出一段安靜、不受干擾的時間,讓自己全心專注於內在探索。

如同我第 2 章介紹的,對大腦而言,親身經歷一件事情與強烈想像該事件的畫面,其實沒有太大的區別,無論是重大事件,或是日常生活的小事。

本章的練習將幫助你建立強烈的視覺化能力,讓你想像

的未來生活深植於大腦中。當你重複想像自己想要的豐盛生活時,潛能之源會在現實發生之前就先體驗你渴望的豐盛人生,即使它尚未真正發生。如此一來,你的大腦開始更敏銳掌握機會、勇敢承擔正向的風險,並逐步讓這個目標成真。

在進行練習時,請準備好你的筆記,隨時記錄你的觀察與體驗。

探索你的關係與「印記」

我們對於家庭、愛與自我的理解,通常來自最早期的依附型關係。然而,它們對我們影響最深之處,不只是當下的經驗,而是我們如何將這些關係、經驗與信念內化,並在往後的人際關係與生活情境中形成印記(imprint)。這種心理條件反射的過程,解釋了為何大腦會逐漸將某個「觸發點」與「反應」建立連結。隨著時間累積,當我們重複經歷某種情境時,會透過神經可塑性與突觸增強(synaptic strengthening)鞏固這些連結。當我們面對新的關係或情境時,大腦會啟動模式辨認系統,自動比較當前情境與過去經歷。如果大腦找到某種相似性,就會傾向於使用已建立的反應模式來應對當前狀況。

這可能包括我們對食物、暴力或批評的反應,而我們每個人對這些事情的反應都不一樣,因為大家有不同的成長過程。在物質匱乏的家庭長大之人,看到食物浪費會覺得非常不舒服,有些人則常常吃不完飯菜,從來不吃剩菜。也有些人會繼續待在虐待性關係中,因為那是他們習慣的模式,無法輕易離開。有些人能夠接受批評,並將其轉化為有益的建議;另一些人則是對批評極為敏感,感到受傷,並進而封閉自己。你的思維模式是否有助於豐盛思維?或是其中一些模式可能會限制自己,無法發揮潛力?

留意這些印記,有助於理解「過去的你」如何影響現在,若不加以注意,還會繼續影響未來的行為和選擇。過去的經歷也會不自覺影響當前的人際關係,無論在職場、朋友或親密關係中,都可能觸發在早期(童年)環境中習得的反應。

探索心魔,改變你的命運

現在我們來探索家庭和早期依附型關係如何塑造你的神經通路,並且如何影響你對自己的看法,這些關係如何讓你產生一連串期望,而這些期望會影響你如何看待和處理剛遇到的人或情況。理解你的「幽靈」(ghosts,或可解釋為心魔)及其如何影響潛能之源的運作,是擺脫這些幽靈的第一步,

尤其是當它們阻礙你前進時。

在日記中翻到新的一頁，填寫以下詞語對你成長過程的家庭和親密關係的意義。你能想到哪些例子？

- 角色：你在家庭中的「角色」是什麼？還有哪些其他的「角色」，你是如何與它們互動？例如「中間人」、「代罪羔羊」、「調解者」、「叛逆者」或「代理母親」等角色。
- 祕密：你成長過程中，家庭中有什麼祕密或謊言？是誰隱瞞了這些祕密？它們對你成長過程中的生活有什麼影響？例如，沒有人談論某個長輩的酗酒問題？
- 信念：在你成長的家庭有哪些最重要的信念？是否有一些是明確或不容質疑的規則？家庭是否存在關於不同觀點的爭論與衝突？一般人常提到的概念包括「努力總會有回報」或「善有善報，惡有惡報」。
- 價值觀：在你的家庭中，哪些是核心「價值觀」？誠實、勤奮、善良、成功、公平、自我表達或智力與學術成就等，是否比其他任何事物更重要？你對這些價值觀能夠產生共鳴嗎？
- 界限：你的家庭對界限的態度如何？包括規則、非法行為、履行或違背承諾，以及各種形式的違規行為等？

探索我們每個人過往所承擔的心魔,並思考它們現在對你的影響,對個人成長深具啟發性且十分有益。你是否曾經接受某些過往經歷或信念,卻從未質疑它們是否有益或正確?是否曾經遵循一些規則,卻與內心渴望或目標有所衝突?把這些觀察記錄在日記中。持續記住這些想法,在日常生活中留意它們如何具體表現出來。在日記中記錄這些模式或反應。開始進行一些小改變,這些改變將幫助你調整那些深藏在潛意識的反應。這就是你開始掌控未來的方式。

| 個案分析與應用 |

承受過多的母親

我與克洛伊一起進行這個練習,她是三個孩子的母親,年約三十歲。在她的成長過程中,她扮演著調解者的角色,卻發現自己在家庭生活中也處於相同的情況,調解孩子以及丈夫與兄弟之間的爭吵。

當我們開始合作時,她在情感上已筋疲力盡,到了臨界點,無法繼續像以前那樣支持所有人。她必須覺察到自己習慣扮演和事佬的角色,然後有意識地重新設定界限。

克洛伊在改變自己的行為時遇到了家庭成員的反

對,這讓她感到震驚。當她停止干預時,家庭中的爭執加劇,孩子們試圖吸引她的注意力,迫使她回到舊有角色的表現。她告訴我,孩子們會故意製造麻煩,甚至誇大情緒反應。大女兒還告訴她,覺得她不再關心自己了。

克洛伊開始設立界限,和孩子們坐下來懇談,並解釋:每次不開心時就找她幫忙是沒有好處的。在現實世界中,他們必須學會自己解決爭端。她開始以更健康的方式處理家庭問題,後來孩子們逐漸減少抱怨,並且學會自己解決問題。家庭中的氛圍變得更加和諧。

孩子們試圖透過某些方式,讓她維持調解者的角色。克洛伊相當訝異這樣的行為,同時也意識到,如果繼續這樣下去,將會為孩子的未來塑造不健康的人際關係。克洛伊的愛讓她在短時間內堅強起來,雖然面臨挑戰,她決定深入學習心理治療方法,不只是幫助她的家庭,也希望能幫助他人發展健康的界限。

大腦中的網絡是如此複雜且相互影響,剛開始時該如何掌控它,可能讓人感到不知所措。你可以回顧自己過去的條件反射或慣性思維,幫助你理解那些已經深植大腦中的模式,它可能是你用來理解世界和自己在其中位置的依據。接

下來,我們將探討這些模式如何塑造更具體的主題和結構,控制和限制你的生活,要確保它們不會影響你的未來。

檢視你的自我限制

你已探討過童年和家庭中的因素,這些因素對你目前的負面思維模式有深遠的影響。下一階段是進一步探索我們的「自我限制」(self-limits),特別是它們如何影響你現在的生活。

1. 翻到日記的新一頁,將頁面分為三欄。在第一欄,列出至多六個你對自己的自我限制,可能是你經常對自己或親近的人說的話,用來解釋你認為自己做得不夠好、無法達成目標或不能改變的原因。例如,「我不是有創意的人」或「我很難跟人相處」。你可以試著使用以下句型:「我不是……」或「我不能……」。

2. 現在逐一檢視每個句子,問自己以下問題:有什麼證據支持我相信這一點?將這些「支持的證據」寫在第二欄,自我限制的隔壁欄。

3. 在第三欄,寫下反駁這個陳述的證據。挑戰你的想法是否為客觀事實?利用你的過去經驗來深入探討這個陳

述。思考是否有相反的例子或證據,來顯示這些想法並不完全準確,或有局限性。

4. 現在問問自己,這些觀念對你的幸福有多大幫助?

思考這些想法對生活的影響,如何影響你的行為和福祉。你是否想繼續保有這些想法?如果不想,你能放下它們嗎?什麼能幫助你開始這個過程?回想一下你設定的意圖／人生目標(第1章),並想像改變這些自我限制的想法,將如何影響你實現目標。

完成這個練習後,一定要給自己一個鼓勵,並抽出時間做一些你喜歡的事情,純粹是為了自己,尤其是當你開始深刻反思自己過去的缺點或自我限制想法時,會帶來情緒上的壓力。你能否辨識那些支持你,讓你感覺很好的朋友和家人,並計劃近期去拜訪他們呢?

這或許是好時機,你可以開始在日記中列出你喜愛自己的特質或優點,例如我喜愛我的獨立性、創造力、善良、脆弱等。定期回顧這份清單,並提醒自己當負面的自我限制想法出現時,你已經能夠挑戰和打破它們。你可以將這個挑戰自己思維的技巧當作工具,隨時使用,直到得心應手為止。一定可以。

如果你覺得自己受限於匱乏心態或負面的自我對話，回到你的清單，從中汲取安慰和信心。

重新定義失敗

我們常常忽視一個事實：我們認為的失敗或脆弱，實際上是生命中最重要的轉變和成功的預示。然而，當這些情況發生時，我們往往對自己比對他人更加苛刻。從一次考試失敗或因裁員而轉換職業，到一段關係的結束，我們總是過快將這些突如其來的情況判斷為失敗，而非將其視為向上提升和往前邁進的過程。

在這些時候，你需要滋養你的潛能之源，回到基本步驟，將注意力集中在「可以從中學到什麼」。當然，真正的錯誤是我們沒有反思這些錯誤，從中學習或改變行為。

嘗試一些你以前未曾考慮過的替代方案，從一個風險較低的環境開始，不會危及到工作或人際關係。一旦某個新方法此刻無法奏效，先擱置它，轉向下一個想法，將來某個時刻，那個「不成功的」方法可能會再次派上用場。有些想法在當下可能行不通，但並不代表它們永遠不會有價值。

許多企業家和成功的科技公司（如 Netflix 和 Facebook）

都提倡快速試錯（failing fast）。嘗試把一個獨特或出人意料的想法加入清單之中，它就像一張鬼牌，有可能在某種情況之下扮演關鍵角色。例如，換一種新髮型或眼鏡來汰換你平時的造型。如果你身處非常注重商業規範的環境中，你可以試著與創意型的人相處（反之亦然）；或建議你參觀一個沉浸式的藝術展覽，或與朋友散步，而不是像平常那樣只是喝咖啡。

設計「成就清單」

在你的日記中，列出你曾經渴望的一切。可能包括角色，如妻子或母親、丈夫或父親；特質，如擁有發言權或表達自己創造性；或資產，如財富或你身處領域的成就。標記你已經達成的項目。看看這些詞語，感受自己充滿了實現目標所帶來的成就感。

在你的清單中，可能有一些你已經渴望了很久的事情，以至於你從未停下來確認你已經擁有它們。例如，我是一個被愛，而且能愛人的繼父／繼母，或我建立了成功且穩定的企業。或者，確保你列出那些未在你的待辦清單上，但仍然顯示出你的耐力、能力、技能和決心的成就。

列出「感恩清單」

翻開日記中雙頁的版面，並在兩頁中央以小而清晰的字體寫下「我的豐盛生活」這幾個字。接下來幾個月，隨著你的新習慣逐漸養成，將這一頁寫滿所有值得你感激的事物。培養感恩的心態有助於你開發潛能之源。吸引力法則是透過相信自己已擁有渴望的事物來促使其實現，在日記中增加這個感恩清單是很好的方式，有助於你訓練大腦更加敏感地注意生活中的美好。你可以隨時增加新的內容，甚至當成每天寫日記的任務之一。

感恩每一個瞬間，而不是匆忙跳過那些短暫的認可或成就，或者總是在尋求下一個目標時忽略片刻的快樂，要學會停下來，並且感恩，感謝他人、環境或偶然的好運，以及你自己的特質。當我們專注這些感恩的瞬間時，大腦的價值標記系統會更加活躍，使你將來更容易回憶起正面的成就和快樂的想法。定期這樣做讓你更容易察覺且吸引豐盛的事物進入生活。

將可能性寫進你的日記

為了讓四步驟達到最佳效果，你需要每天在日記中寫下

你對生活事件和周圍人物的想法和反應。不需寫長篇大論，但要誠實且開放地表達你的情感、動機和行為。

今晚睡前，花幾分鐘寫下你一天的想法，然後記錄每天的三個積極行為，有助於滋養潛能之源，並創造理想未來。

這些可以是很小的事情，重點是你願意做，例如透過他人的角度思考問題來加強你的情緒智商，或是飯後去散步，或讀一本小說而不是滑手機。

你還可以記下那些讓你感到精力充沛或分心、消耗心神的事物。思考替代方案來應對你最常遇到的困境，例如下次如果一段關係讓自己感到不安，或者下次在工作中犯錯，我會選擇做 X，而不是以前的反應。你也可以回顧一天中的小小失敗，例如那些沒來得及說出來的話、你容忍的無禮行為，或是分心的事物。下次你會如何改變？挑戰你的自動反應模式，質疑自己的一貫做法。預想明天的理想情景，並朝著這個方向努力。

在寫日記時，每週選擇三個目標：一個關於人際關係（無論是愛情的或柏拉圖式的）目標，一個關於工作目標，以及個人發展目標。這些小目標應該是達成重大目標時實行的小步驟。你應該已經對未來有清晰的想法，而本書接下來的部分會幫助你進一步發展這些長遠的目標。每週的微挑戰可能是：

- 人際關係：更積極和頻繁地傾聽同事或伴侶的想法（重大目標：提升我的情緒智商和同理心，加強關鍵人際關係）。
- 工作：更積極地表達自己的想法，或尋求導師指導（重大目標：創立自己的事業）。
- 個人發展：每天堅持重複積極的自我對話，以提升自我價值感（重大目標：停止自我批評，對自己的生活選擇感到自信和快樂）。

當你開始感受到微改變帶來的效果，你會更願意在未來進一步挑戰自己，在家庭、工作和通勤上採取更大膽的行動。問自己一些更重要的問題：我應該搬家，或是停止租房而買下自己的房子？我應該計劃辭掉工作，在家工作或搬到離工作更近的地方？

當你開始進入後續步驟並想像理想未來的具體畫面時，這些問題的答案將更加清晰。寫日記將幫助你記錄這段旅程，並探索生活的不同可能性。好好利用它吧！

提升覺察的檢查清單

你已經：

- 完成「探索心魔」和「檢視自我限制」的練習，並在日記中記錄結果。
- 建立成就清單，並記錄感恩清單。
- 每天寫日記，確立本週三個目標。

在這個階段，你應該感到充滿正面積極的能量，並將注意力集中在自己的優點和值得喜愛之處。這些已完成的步驟將成為下一步行動板的基礎。

13
步驟 2 設計強大的行動板

> 最終，誰能在最佳情況下獲得偉大的勝利，即使在最壞的情況下，至少也能在大膽地冒險中失敗，這樣他就永遠不會和那些既不知勝利也不知失敗的冷漠膽怯靈魂為伍。
>
> —— 美國第二十六任總統羅斯福（Theodore Roosevelt）

現在該是時候設計你的行動板（action board）了。我希望你以至多一週的時間來建立行動板，這是一個需要不斷反思和調整的過程，才能發揮最大的效果。

在打造行動板時，重點是它是真實的、激勵人心的，並且準確反映你內心渴望。這不是一個匆忙的過程，你應該仔細挑選圖片，而不僅是隨意拼湊的美麗圖像，它必須可以觸動你，並且在當下和未來能夠代表你的願望。

什麼是行動板？

　　行動板是一幅拼貼畫，代表你所有的渴望，通常也稱為夢想板或願景板，但我更喜歡稱它為「行動板」，因為我們希望建立一個可以激勵你，並且藉由採取行動來實現夢想，而不只是白日夢，例如在海外擁有第二個家、大筆財富等。我們需要將渴望和情感的能量，轉化為具體的行動。

　　設計行動板的目的是幫助你識別自己內心最深層的夢想，並以圖片來表達這些目標。正如我之前所說，這並不意味著建立行動板後，就坐等一切自動發生，比如金錢源源不斷湧入、和理想伴侶一見鍾情，或者身材和信心像變魔術一樣立刻改變。設計行動板是為了讓大腦對可能出現的機會保持敏感，並幫助你掌握讓你更接近理想生活的機會。更重要的是，你可以用行動板來激勵自己，採取具體行動，讓夢想成為現實。例如，如果減肥或實現某種理想體型是你的目標，相關圖片就會成為一種提示，激勵你去健身房、練習瑜伽或者調整飲食。

　　那些看起來似乎不太能掌控的事情，例如結婚、懷孕或升遷，將會在你開始達成一些具體可行的小目標後，自然而然地成為現實。我喜歡將它比喻為養老金計劃：你投入得愈

多，未來的回報就愈大。你應該積極運用行動板，而不是消極等待：你想像的未來應該激勵你立即行動！

我在整本書都不斷提到，這是引導潛能之源全部力量的重要過程，發揮你的思考力來設計和創造它。在接下來的章節中，我們將展現創造一個行動板的過程、提供如何選擇圖像的建議（這些圖像將為你渴望的理想生活提供最有效的「象徵」），以及如何使用這個行動板以獲得最大的功效。現在是開始的時候了。

我提過，這個過程的是引導潛能之源的全部力量，並且運用心智來預見並實現它。在接下來的內容中，我們將一起探討如何設計你的行動板，並教你如何選擇最有效代表理想未來的圖像，以及如何讓已完成的行動板發揮最大效果。現在是時候開始了。

在前文中，我鼓勵你開始蒐集適合自己的圖片，因為行動板是非常強大的工具，圖像會直接進入大腦的視覺中心，繞過意識思維，意味著大腦過濾系統無法過濾或忽視它們。這些圖像可以激發情感和象徵意義，促使你在現實世界中採取行動。相較於傳統的個人目標或待辦清單，行動板對大腦的影響以及對未來行為的激勵更為強大。剛開始製作行動板可能會讓你覺得有些奇怪，甚至覺得有點傻，但隨著時間過

去，你會更熟練視覺化和打造行動板的技能，因為不斷重複的過程會加強大腦中與這些活動相關的神經通路。

本章會討論如何設計屬於你自己的行動板，它代表你在接下來的十二到十八個月中的希望和夢想，並幫助啟動潛能之源，實現這些目標。我保證這個過程將會改變你的生活，但我也要提醒你，有時進展會很緩慢、讓人沮喪，甚至看起來好像沒有方向感。當你感到困難重重時，請記住第 1 章和第 9 章中提到的耐心原則。你應對這些波折的能力，與你在行動板上展示的目標和夢想一樣，能夠充分反映出個人的特質和成長。

我的行動板

行動板是我實踐目標的關鍵部分，我希望你也會發現它們對你同樣有益。

我花了七年的時間，才完成一個對我來說近乎完美的行動板，而它也持續激勵著我（過程當然有過一些更新），所以耐心是非常重要的。在這段時間，我也獲得了一些小勝利，其中有一個行動板，是我在 2015 年時為 2016 年新年設計的，這個行動板象徵著我生命的一個重要轉捩點，最終促使我寫下這本書。

2012 年，我離開醫界，開始擔任自由工作者，因此在行動板上列出具體的收入目標是合乎邏輯的，可以幫助自己更具體設定目標。我和同事凱特經常在英格蘭北部一起工作，住在環境不佳的酒店，並且乘坐淡季的火車往返。凱特鼓勵我設定一個更具挑戰性的收入目標：原來數字的兩倍。我當時覺得她有些過於樂觀，我可能無法達成這個數字，但如果能達到，那當然很棒。結果，第二年，她建議的數字正好是我的收入。

　　有一年，我選擇了一則全頁的配飾廣告，廣告中有一匹美麗的馬在水中踢起水花，我希望事業像這匹馬一樣，更穩定且強大，並且能夠顛覆傳統思維。那一年，我從自由工作者成為創辦有限責任公司的企業家；從單打獨鬥轉變為擁有團隊；後來成為麻省理工學院史隆管理學院的講師、我的前一本著作 Neuroscience for Leadership（領導力的神經科學）獲得獎項肯定，並成為倫敦科林西亞（Corinthia）酒店首位駐館神經科學家。我也因為各界的邀約，經常在世界各地旅行，以更寬裕的旅遊方式參加各種會議。這些成就是當初我選擇那匹馬的圖像時，無法想像的！

　　最後，我意識到自己將工作當成一種逃避策略，來面對由離婚帶來的情感不穩定。2014 年，我在主要聚焦於事業和

旅行的行動板上，放了一顆小小的愛心圖案。表面上看起來一切都很棒，但在內心深處，我尚未準備好迎接愛情，仍在過去的陰影中掙扎。直到 2015 年底，我通過靈魂探索、瑜伽靜修、長時間數位排毒，徹底清理生活中的負面人物，並且遵循自己對豐盛思維和視覺化技巧，徹底改變了自己的思考方式。2015 年 12 月，我開始打造新的行動板，並且帶著明確的目標。在此之前，我有時會在前一年已完成的行動板上加入一些新的內容，但這一次我徹底捨棄舊的行動板，並在左上角放了一個訂婚戒指，在中央放了一則來自雜誌廣告的短語（我很少使用文字，除非它們真正觸動我），這句話是：喜悅來自出人意料。

　　2016 年 2 月，我在從約翰尼斯堡飛往倫敦的飛機上遇見了我的現在的丈夫。我相信，這次在空中相遇完全符合「出人意料」這個描述，九個月後，他向我求婚。我們倆人都曾決定不再結婚，距離上一段婚姻已有九年和十七年之久。他常常跟人說，他在生命的黃昏時刻找到了真愛。當我見證並分享他無與倫比的喜悅時，我知道對於任何年齡階段的人來說，只要有足夠的信念，依然可以實現自己一直深切渴望的夢想。

如何開始設計行動板

行動板能夠啟動大腦，幫助你更有效塑造和設計你想要的人生。因為你是親自打造它，並且每天都能看到它，這會激發大腦中多條通路（包括觸覺、視覺、情感、直覺和動力通路），這樣的視覺化過程會強化你的內心訊息，讓你對自己真正想要的東西有更深刻的認識，遠比單純閱讀清單或偶爾思考目標，來得更有影響力。結合選擇性注意力的概念，並且結合大腦的神經可塑性，這一切都將帶來具體的成果。

你可以在任何物品上設計行動板，無論是 A4 大小的卡片，或是海報大小的行動板。除了行動板本身，你還需要一些雜誌或圖片來源、剪刀、膠水或噴霧式黏膠。你也可以上網搜尋圖片，但從某種角度來說，親自選擇圖片並觸摸它們會更有力量。即使你覺得已經找到了所有需要的圖片，也可以回到雜誌中重新尋找，或者買些新的雜誌。不要匆忙進行，應該退後一步，給自己時間去微調。為了對大腦的視覺中心產生真正強大的影響，我建議你只使用圖片，或許還可以使用數字，但盡量避免使用文字（不過，如果你發現某個短語或名言讓你產生強烈共鳴，你應該使用它）。唯一的例外是你希望賺取的具體金額，如果這對你來說很重要，那麼這

個數字應該清楚顯示在你的行動板上。

最好使用一些象徵性圖片來顯示你希望達成的目標，而不只是直接的具體範例。例如，如果你打算搬家，選擇漂亮的室內裝潢圖片是合適的，但為了觸發大腦中的情緒和潛意識部分，以及邏輯和意識部分，你可以選擇一些抽象的圖片。例如，你可以選一張氣球的圖片，提醒自己記住擺脫負擔的重要性。或者選擇對你有意義的圖像符號，提醒你自己最好的一面。

這樣的象徵性圖片非常強大，因為它們會向你的潛意識發送訊息，讓你能夠利用抽象思維和價值標記（見第 1 章）來識別和把握那些你可能錯過的機會。就像有時候你夢見符號一樣，潛意識會創造隱喻來解釋你的經歷和思緒，你也可以利用影像來引導你的潛意識，特別是當這些影像具有象徵性。這類圖片會讓你的行動板更具隱密性，且不那麼顯眼，讓你感到更加自在，願意將它放在家中顯眼的位置。

讓直覺引領你

開始製作行動板時，先將你蒐集的圖片放在桌面或地板上，按主題分類。接下來，運用你的直覺將其中一些圖片放到卡片上，此時可以先輕輕擺放，暫時不用黏上去。將對

你來說最重要的事物放在行動板中央或靠近頂部的位置。你可以在地板上，按照圖片與工作、愛情、健康或旅行等生活領域的關聯進行分組，也可以根據需要讓它們互相接觸並連接起來。思考一下你是否希望生活中有更多空間，如果是的話，確保你的行動板不會塞得太滿。

過一天或是下次有機會時，回過頭來檢視你的行動板，看看是否需要進行任何最後的調整。這樣可以確保你的行動板真實反映你當前的需求和目標。在正式確定之前，你可以向信任之人展示它，請對方挑戰行動板的一些目標。例如，你真的想要這個嗎？你要求的是否與符合你應得的？還有漏掉或忽略之處？當你確定已回答這些問題後，將所有圖片固定到行動板上，並選擇一個適合的地點來擺放它。

放置行動板

你的行動板需要放在一個對你來說非常顯眼的地方，這樣你每天至少能看到一次。最佳的位置包括床邊，這樣你每晚睡前都能看到它，或者放在衣櫃門內，這樣你每天早上穿衣服時都會看到它（如果你與人合租房子或不希望其他人看到的話，放衣櫃是不錯的選擇）。如果你對行動板感到自豪，也可以展示出來，沒有什麼需要隱藏的。但是，有些人可能

不希望公開，你可以根據自己的情況來決定。

將行動板放在床邊特別適合，這樣你可以在入睡前看到它，這時候的心理狀態對於強化目標非常有幫助。從清醒到睡眠的過渡階段稱為催眠狀態。在這種邊緣意識的狀態下，會出現清晰意識到自己在思考，或人在夢中但知道自己在做夢的情況，這個時期特別容易受到暗示。如果你在入睡前有意識地專注於某種重複的活動，尤其對你來說是新奇的事情，這個活動或目標很可能會主導你的夢境，稱為「俄羅斯方塊效應」（Tetris effect，源自 1980 年代的益智遊戲，當人們將大量時間和注意力投入某項活動時，它會開始影響人們的思維、心理影像和夢境），這是種植入潛意識的方法，讓你在白天也能不自覺地去關注它們。

利用新奇元素對大腦的強大影響，在你關燈入睡之前，專注看著行動板，使用口號或正面的肯定語句（見第 15 章），或簡單大聲說出這些象徵性圖片對你的意義。在你使用行動板的第一個月內，頻繁進行這個過程。之後你只需瞥一眼，讓它自然進入你的潛意識。

如果你希望保護自己的隱私，但仍可以經常看到它，可以考慮用手機拍下行動板的照片，並將其設為螢幕保護程式。另一種方式是利用線上平台如 Pinterest 打造行動板，設定

為只有你能觀看，你可以在手機或平板上經常查看。不過這樣的方式需要額外的努力，你要確保自己頻繁查看它，使它在你的大腦神經通路發揮作用。

設計行動板的時機

當然，打造行動板的最佳時間就是現在！你的生日或新年也是開始的好時機，或者是生活中展開新專案、新階段或學期之時。如果你之前從未設計過行動板，或已有一段時間沒有製作，那麼就現在開始，並使用它直到今年結束，甚至是明年年底。之後，選擇一個固定的時間來定期更新它，或者每年設計一個新的。

你的行動板不一定要整年不變。就我個人而言，我發現大多數事情需要一年時間才能變成現實，因為你的大腦神經通路會逐漸強化，並引導你的行為來實現新的目標。在無法立刻看到成果的期間，你需要在耐心和決心之間找到平衡點。

行動板的實踐

一旦你設計好行動板，並且將其圖像逐漸內化，成為你的一部分，它會變成視覺指南，和你日記中的清單一起存

在,這些清單記錄你最想實現的事情,以及你每週為了實現這些目標所採取的三個步驟。每次你檢視行動板,看到板上的某些項目現在已經變成現實時,將那個成就記錄在成就清單上。加入你的成就清單,觀察你的成就清單不斷增長,並將其作為指引,根據你這一年的進展來決定是否需要加強、刪減或新增一些目標。

▎行動板的檢查清單

你將會擁有:

- 打造強大的行動板,填滿能夠精準代表你理想生活的圖像。
- 每天查看它,理想情況是每天多次,來刷新你的記憶,並讓這些圖像在大腦中發揮作用。
- 想像你板上的目標成為現實。

14
步驟 3 專注的注意力

實踐神經可塑性

> 專注的行為蘊藏著巨大的力量。
> ——美國心靈醫學大師 迪帕克・喬普拉
> （Deepak Chopra）

現在，當你開始明確意識到哪些舊行為和思維模式正在阻礙你達成目標，你已經準備好訓練自己以全新方式思考。清除舊有模式、創造新神經通路的最簡單方法之一，就是學會活在當下，並且進行專注的注意力（focused attention）的訓練。但這說起來容易，實際上不容易做到。這是步驟 3 的目標，因為專注是你需要經常練習的能力，可以藉由本章提供的方式來實現。

我們還會更深入探討豐盛生活的概念，並討論如何確保自己朝著更美好、更快樂的未來邁進。

什麼是當下？

簡單來說，就是完全活在當下，將我們的注意力集中在當前經歷的事情之中，這可以透過冥想、正念或其他訓練方式來培養。

我更喜歡將「當下」（presence）視為一種生活方式，而非單獨的練習。對我來說，我認為正念飲食、正念行走，以及在與他人互動時全心全意關注他們，和正式的正念練習（如瑜伽或冥想）同樣重要。這種日常的當下感往往容易忽視，我鼓勵人們將它作為正念練習的重點，而不是過度執著於傳統冥想的技巧和形式。儘管如此，每天的練習，即便只有幾分鐘，也能對大腦產生顯著的影響。到這個步驟結束時，你將學會打造個人的正念練習，並且每天回到這個練習中來滋養潛能之源。你很快就會感受到這種改變。

我的正念之旅

我開始對正念冥想（mindfulness meditation）產生興趣是在我三十多歲時，那時我對工作和生活感到愈來愈失望，覺得自己缺乏方向和專注力。我的注意力總是輕易被新奇有趣的事物分散，我深知自己正在遠離真正的自我和我想要追求

的目標。我從小就知道正念，因為父母家有個禱告室，他們會在那裡祈禱和冥想，點燃香火、靜坐或進行呼吸練習。這對他們來說是日常的修行，但我從未嘗試過，當時我只把它看作是父母文化背景的一部分，並不覺得它對我有特別的意義。到了二十多歲時，我開始回想起這些早年的經歷，我和幾個好友對瑜伽產生興趣，有時在瑜伽課堂上，老師會談到正念，我也曾讀過一些名人的訪談，他們聲稱正念非常有幫助，但我還是只保持對瑜伽的興趣，並在課程結束時進行簡短的冥想。

隨著大腦掃描研究的證據逐漸顯示正念冥想的效果，我開始向銀行和對沖基金等領域的合作者討論這些概念。我意識到，我應該要有足夠的實踐經驗，才能夠提供他人建議。儘管我已經定期練習瑜伽十年，但我還是需要借助 APP 和耳機，並且花了九個月的時間，才能在搭地鐵時靜下心來，不依靠語音引導，獨自進行一段十二分鐘的冥想。現在，我在麻省理工學院史隆管理學院的課程，以及其他商業工作坊主持引導式冥想課程。

在個人層面上，我有時每週多次進行十二分鐘冥想（主要是在地鐵上），但也有一段時間，我有幾週都沒有進行正式的冥想。即使如此，我總是努力在進餐時保持正念，並且在

需要時提醒自己回到呼吸上。多年來，我發現當自己非常疲倦、時差反應或壓力大時，冥想變得更容易，而如果我有更多時間時進行冥想，就能協助我度過壓力大的時期。我將其視為保護大腦的方式，就像是預防性保養，而不是因為沒能抽出時間而感到內疚。

當我因為找不到時間而感到壓力時，我會提醒自己一個很棒的故事：有位僧侶建議一位高階主管每天冥想一小時，對方回應自己在忙碌時無法做到，僧侶只回答：「在那些時候，你必須每天冥想兩小時。」這其中的諷刺意味令我深有體會。

定期練習正念的效果驚人

一旦你開始專注於當下，你會驚訝地發現自己更容易快速冷靜。在加強正念並開始冥想練習的兩～三個月內，你的大腦會發生根本性的改變，這就是規律練習的驚人效果。

從神經科學的角度來看，證據非常明確。臨床研究顯示，正念對健康的人和患有憂鬱症、焦慮症、壓力、成癮和創傷後壓力症候群等疾病的患者都有身心方面的益處。對定期冥想之人進行腦部掃描，結果顯示這些人的大腦出現顯著

的神經可塑性變化。[1]

持續的冥想練習能增加大腦的褶皺程度，並擴大大腦的表面積。這些變化發生在大腦皮質，這裡負責處理和調節來自外部世界的數據。每天抽出幾分鐘進行冥想，將為你提供一種新的清晰視角，讓你重新認識生活中真正的重要人、事、物，這樣的練習有助於調節大腦的高層次功能，改善抗壓能力，讓你在面對問題時更深思熟慮，採取更為平衡的態度。如果你希望發揮潛能之源的最大功效，真的不能錯過正念冥想的方式。

當我和一些 A 型人格的商業人士合作時，他們通常會對其認為空洞或無實質內容的事物抱持懷疑態度。為了挑戰這種觀點，我引用一項針對美國海軍陸戰隊的研究，其顯示那些每天練習三十分鐘冥想的陸戰隊員，在經歷高壓的戰鬥訓練後，比沒有練習冥想的人更具韌性。

後續一項研究考察了三百二十位準備前往阿富汗的海軍陸戰隊員。[2] 研究中有一半的隊員接受為期八週的正念課程，包括家庭作業和內感受訓練（這是準確解讀身體訊號的能力，我們在第 7 章中探討過），並鼓勵他們提高對身體感受的敏感度，如腸胃不適、心跳加速和皮膚發麻等。

訓練的一部分包括在一個阿富汗村莊進行模擬戰鬥訓

練，有演員扮演阿富汗人，並且重現真實的衝突情境。在這個過程中，研究小組監測了有接受正念訓練和沒有正念訓練的海軍陸戰隊員的血壓、心率和呼吸，並記錄了面臨壓力下產生的大腦化學物質變化。

接受正念訓練的隊員在訓練過程中和結束後表現得更冷靜，並且在威脅出現時的反應更為迅速。通過 MRI 掃描觀察海軍陸戰隊員的大腦，結果顯示，接受正念訓練的隊員在大腦負責整合情緒反應、認知和內感受的區域，與壓力相關的活動模式有所減少。換句話說，建立大腦與身體的連結，對身體和心理的益處皆有指數級的成長。這正是解鎖潛能之源的關鍵。

其他研究表明，每天冥想十二分鐘也能帶來顯著的影響。[3]當人們對正念練習抱持抗拒心態時，我總說我理解一些時間較長的身心健康活動可能較難實行，但我真心認為，大部分人在多數日子裡都可以找出十二分鐘來做一件可能改變人生的事。人們大都不會反駁這點！

找到適合你的應用程式

我真的希望你能把正念冥想從「你必須要做的事情」，轉變為一種生活習慣，成為「你希望每週進行幾次的日常活

動」。最簡單的方法之一是找到一個你喜歡的正念 APP,這樣你就很難找藉口不去使用它,而且你可以安排你認為最適合的時段來進行冥想。

試試不同的正念應用程式。市面上有很多(例如 Calm、Headspace 和 Buddhify),但你需要多試幾個,找到最適合你的。如果你時間有限,可以試試通勤時間或其他不受干擾的時段。不要過於執著於冥想的時間長短,因為研究顯示,冥想的頻率比冥想的時長更為重要。所以每天冥想十分鐘,可能比時間較長但偶爾才進行的冥想更有益處。④

| 個案分析與應用 |

簡單的小動作帶來改變

有時候,單純聽一段平靜的音樂,就能達到類似冥想的效果,因為它能迫使你將注意力集中於聽覺上。

我的客戶琳達在一次諮商課程開始時,情緒非常緊張,表現得很激動,語速極快。我知道我需要幫助她改變當下的情緒,因此我請她閉上眼睛,聽我手機裡播放的一段古典音樂,時間為三分鐘。僅僅過了三分鐘,她深深嘆了口氣,並說她感覺冷靜多了,她的表現也確實更為專注。我們討論這是一件她可以在會議之間進行的

> 事情,當作任務切換和正念的時刻。
>
> 琳達還建議,她可以帶自己最喜歡的杯子去上班,並在下次會議前泡一杯草本茶來細細品嚐,而不是在會議之間隨便買杯咖啡,這樣可以減少她的焦慮和猶豫。雖然這只是個微小且簡單的日常小動作,但每天填滿杯子的過程,讓她感到穩定踏實,並讓她想起家裡。這成為她每天的自我照護,提醒她需要停下來。

正念練習可以讓我們克服外界的干擾,讓我們暫時按下暫停鍵,平復情緒與思想,並從豐盛的角度來思考。了解正念生活的好處是一回事,但你必須親自實踐才能真正理解它。

享受感官的練習

除了正念練習,也可以搭配每天在家或課堂上進行三十~九十分鐘的瑜伽練習,它能將大腦與身體連結起來。但是,如果這是你需要努力抽出時間來實現的事情,那麼選擇兩到三個你可以完全「活在當下」的時刻,並將它們寫進日記中,讓它們成為一個事件。

當你感到壓力大、焦慮或分心時,感官刺激是一個非常好的方法,可以將你的大腦拉回正念的狀態。以下是一些簡

■ 身體掃描

在我們討論正念和當下時，將回到在第7章的身體掃描。我當時建議你每天嘗試這個練習一星期，並注意其結果。如果你還沒嘗試，請現在就開始，會讓你立刻感受自己的身體，更加專注於當下。

你是否注意到某些部位的緊張感？身體某一側是否比另一側感覺更放鬆？當你有意識地去放鬆時，可以減輕緊張感？在這一星期的過程中，請在日記寫下身體掃描後的感覺。

持續進行身體掃描，並開始注意身體傳遞的訊號，如疲勞、疼痛或皮膚問題等，提醒自己需要照顧身體。你愈常練習身體掃描，愈會發現自己自然而然地開始在其他時間也關注自己的身體狀況。藉由這個練習，你會開始建立心靈與身體之間安靜而持續的練習。

單且愉快的方式來提高你對感官的敏感度，不只讓你的生活更豐富，並能使你感到平靜和快樂：

- ◆ 進行一場正念散步，觀察天空、樹葉和花朵的顏色。
- ◆ 當你喝茶時，不僅僅是喝，而是全心全意享受這個過程，

細細品味每一口茶。
- 喚起你起兒時最喜歡的氣味,並在你現在的家中回味。
- 在你的家居裝飾或衣物中加入新的材質和圖案。
- 聆聽能夠喚起情感的音樂,或參加一堂旋轉舞或五律禪舞(5Rhythms)課程,重新與你的身體建立連結。

你會知道哪些方式最適合你,並且能夠輕鬆融入生活。也許這只是個小改變,例如每週在辦公桌上擺上一束鮮花,為工作日帶來色彩、香氣,甚至是微笑。在每週的生活中,尋找兩三個方法來喚醒並享受你的感官體驗。

新鮮的感官體驗,尤其是那些能讓你全身心投入的經歷,會幫助你的大腦從過度思考的狀態中解放出來,啟動我們在第2章討論過的大腦預設模式。

任何能夠促進抽象思維的活動,都能增加你掌握可能錯失的機會,否則,在你習慣過度思考和過度分析時,可能會與這些機會擦身而過。

活出你的意圖

到目前為止,我們討論了正念是個強大的工具,對於我們的大腦神經可塑性有著深遠的影響。當你真正理解並運用

正念時，會體驗到它帶來的深刻改變。現在讓我們回顧你設定的意圖和目標，以豐盛的心態來規劃如何實現它。

通往豐盛生活的練習

這個練習將可以幫助你採取行動，使其融入日常生活中，成為每週例行公事的一部分。你需要有一個自我監督的方法來督促自己改變，這樣這個練習才能發揮效果，可以透過日記、APP，或與朋友和伴侶定期檢視目標。

首先，根據你已設定的意圖和目前的情況，思考將來的理想發展。例如，你可能決定在你的理想未來中實踐以下：

◆ 我對生活充滿自信，不讓疑慮限制我。
◆ 我擁有健康、快樂，而且能夠掌控自己生活的狀態。
◆ 我得到理想的工作或創業成功。
◆ 我遇到理想的伴侶，並一起建立家庭。

1. 找一些大張的紙（例如活頁圖表紙）和彩色筆。這個過程比在日記中進行更有效，但你可以在練習完成後將結果記錄在日記中。決定你理想未來的具體樣貌，並將其寫在第一頁的最上方。這將與你的意圖相呼應，而且你可以在其他生活領域增加細節，使目標更為全面。例如，

我處於一段穩定且充滿愛的關係中,而且感到幸福;我經常受邀演講,並且以充滿自信的態度來應對;我將自己的愛好轉變為成功的事業。

2. 現在將頁面剩餘部分分為三欄。第一欄的標題是「障礙」(在完成這一欄之前,請不要閱讀接下來兩欄的標題)。在這一欄中,列出所有可能阻礙你達到理想狀態的障礙。請挑戰自己,至少填滿一頁,如果可能的話,再寫第二頁。這是非常重要的,只有當你列出所有可能的障礙,否則這個練習不會達到它應有的效果。障礙可能包括沒有足夠的時間、錢賺的不夠多、太害羞、感覺這個目標過於麻煩、太忙或缺乏動力等。

3. 第二欄的標題是「對立陳述」。現在,針對第一欄列出的所有項目,提出完全相反的描述,即使不一定符合現實。視你第一欄的內容而定,例如,我有無限的時間;我有無限的金錢;我不在乎別人怎麼想;這件事既有趣又容易;這個活動是我的絕對優先事項等。你可以在這一欄暢所欲言,因為你沒有什麼好失去的,而且有助於提供第三欄的資訊和更多的選擇,突破那些讓你停滯不前的障礙,幫助你開放思維,找到更多的可能性。

4. 第三欄的標題是「我會做的不同的事情」。在這一欄,

你應該列出根據第二欄中的情況變為現實時，你會採取哪些具體的行動來反映這些變化？包括實際的行動、思維或與他人的互動。例如，我每週抽時間約會三次；我付費請專業人士來更新我的履歷，以提升自己求職時的競爭力；我花更多時間和朋友相處，並請他們介紹新朋友，勇於拓展人際關係；我建立一個網站，勇敢表達自己，讓更多人認識和了解自己；為約會場合購買新服裝，展現自己最好的一面。

5. 最後，將第三欄的內容以主題來分組。現在，選擇兩到三個你可以從今天開始採取的行動，例如拓展人脈、適當分配時間以實現目標、每天寫下感謝清單。將「障礙」那一欄撕下、揉爛，然後丟掉。在日記中寫下你這樣做的感受。

視覺化的科學證據

接下來的練習是根據新加坡國立大學的研究，[5] 將進一步延伸「成為最好的自己，或是你在狀態良好時的自己」這個原則。與我們之前的認知相反，並不是所有視覺化和冥想技

巧對心靈和身體產生相同的影響。這項研究探討四種冥想方式，包括兩種來自藏傳佛教的金剛乘（Vajrayana）：一種是自我神化的視覺化，想像自己擁有神祇的力量；另一種是本覺（Rigpa），字面意思是「對本質的認知」（這種扎根練習旨在達到本覺，並將其融入日常生活中）。該研究還考察了兩種南傳佛教（Theravada）的方法，分別是奢摩他（Samatha，專注於單一目標）和「毗婆奢那」（Vipassana，內觀）。

研究人員蒐集參與者的心電圖（ECG）、腦電圖（EEG）和認知測試數據。根據數據顯示，與金剛乘冥想不同，根據這些數據，發現南傳佛教的兩種練習方法可以活化自律神經的副交感神經活動，也就是它們有助於放鬆。但是金剛乘的視覺化冥想並未達到放鬆功能，反而會顯著提升認知任務的表現，使身體進入更警覺和活躍的狀態。這證明不同類型的冥想會引起不同的神經生理反應。

儘管練習減少壓力、釋放緊張，且促進深度放鬆，甚至改善睡眠的瑜伽和冥想形式，可以帶來巨大的好處，我強烈建議你嘗試以下的視覺冥想，它運用一種類似於金剛乘冥想的技巧，在你需要大腦發揮最佳表現的情況下，可以有所幫助。我發現這個方法非常有用，與我合作過的許多人也有相同感受。

研究仍在進行中,科學家正在探討,是否僅一次視覺化訓練就能顯著提升大腦表現,並且如果持續練習,效果是否能夠形成長久的變化。此外,研究也在分析,視覺化過程中的哪些特定元素會對認知能力產生正面影響。

以象徵性形象進行視覺化訓練

金剛乘的修行非常神聖和保密,只有透過特定的訓練和灌頂儀式才能傳授。這本書是世俗的書籍,而且每個人的宗教信仰不同,出於對藏傳佛教的尊重,本書不會深入介紹。我建議你選擇一個強大的象徵性人物來進行視覺化訓練,這個人可以是你認識且尊重的人,例如歷史人物或當代的世俗人物。性別不拘,也不需要和你有同樣的性別。重點是這個人應該擁有你渴望或需要的特質。例如,你可以選擇祖父母、作家、社運人士或知名企業家,然後把這個人的名字寫在日記中。

接下來是視覺化練習的步驟:

1. 找一個安靜、安全的地方,坐下或躺下,閉上眼睛。在閉眼之前,可以先看一下這個人物的照片,有助於加深印象。

2. 閉上眼睛後，開始想像這個人就在你面前。試著描繪他外表的每個細節，以及他給你的感覺。
3. 不斷練習，直到你覺得彷彿可以觸摸到他，與他對話，甚至睜開眼睛時，他仿佛還在你眼前。
4. 當你掌握這個階段後，進一步想像自己變成這個人。從頭到腳，想像自己擁有這個人的髮型、聲音、姿態、舉止，將其特質內化，並感受到他所擁有的力量。
5. 讓這種連結的感覺遍布全身，直到你覺得自己與這個人已融為一體。這可能需要練習數週才能達到。
6. 持續這種視覺化練習，直到你確信自己已經將這些特質變成自己的一部分，並且在需要時能夠召喚這些力量。

這項練習的最終目的是藉由視覺化來讓你意識到，你原本就擁有這些特質，不需外求。將你的純粹、專注的注意力引導至這個視覺化過程，幫助你轉化你希望展現的正向能量，使其成為你的一部分。

釋放重擔

「損失規避」（loss aversion）是大腦最強烈的運作機制之一，也就是匱乏思維的核心，這也解釋了大腦為何會自動傾

向不信任。我們的生存情緒對大腦的影響力，比依附情緒更強，表示我們對於失去的心理反應強度，比獲得同等利益的影響強烈兩倍。因此，要讓理想生活顯化，你需要訓練大腦降低對可能損失的關注，並且過濾邊緣系統（limbic brain）發送給前額葉皮質（pre-frontal cortex）的不必要警告，以免遭到過度焦慮而產生的警訊所困住。以下這個視覺化練習會幫助你釋放深藏的負面想法。你可以將這段引導詞錄音，並播放給自己聽，或請他人朗讀，引導你進行這個視覺化練習。

視覺化練習：熱氣球

找一個安靜的地方，確保不會受到干擾。先進行四次深呼吸，然後恢復正常呼吸，從一數到十二，接著進行第 7 章的身體掃描練習。

1. 當你完成從腳趾尖到頭頂的身體掃描後，想像自己站在法國普羅旺斯的一片薰衣草田邊。感受溫暖微風輕撫肌膚，聆聽遠處鳥兒鳴唱，深深吸入空氣中瀰漫的濃郁薰衣草香氣。完全沉浸於這片風景之中，運用你所有的感官，包括觸覺、嗅覺、聽覺、視覺，甚至是味覺，感受法國南部夏日午後的薰衣草田園。

2. 當你望向遠方,綠色與紫色的田野延伸至廣闊的藍天交界處時,你注意到一顆熱氣球停在小山丘上。你走向熱氣球,清楚看到籃子編織的紋理,以及光滑表面上五彩繽紛的顏色。

3. 當你來到熱氣球旁,你發現它由四個沙袋固定在地面上,沙袋以繩索牢牢綁在籃子上。觀察繩子的顏色,以及沙袋的大小,完全沉浸在這個視覺化場景中。

4. 籃子的一側掛有小繩梯,你可以攀爬進去。進入之後,你發現操控熱氣球很簡單,但如果要升空,必須先鬆開那些沙袋。

5. 當你轉身解開第一個沙袋時,你注意到它上面寫著「恐懼」(FEAR)這個詞,字母是黑色的大寫字母。你解開這個沙袋,看著它滾下小山丘,最終消失在遠方。籃子開始輕輕地浮離地面。

6. 接著,你轉向第二個沙袋,在鬆開它之前,你發現它上面以紅色字母寫著「嫉妒」(ENVY)。你解開繩索,讓沙袋掉落在地,砰地裂開,其中的內容物迅速蒸發,消散在空氣中。現在,籃子已經完全離開地面,但仍然微微傾斜。

7. 你走向第三個沙袋,準備解開它,發現上面寫著「期待」

（EXPECTATIONS）一詞，字體是紫色的。解開這個沙袋，聽見它重重地掉落在地上，然後消失不見。現在，你已經飛離地面一段距離，只剩下一個東西還束縛著你。我無法告訴你第四個沙袋上寫的是什麼，因為那是你個人背負的最沉重負擔。仔細讀上面的字句「這對你而言將是獨一無二的」。停下來，完全地接受這個訊息，然後解開最後一個沙袋，看著它遠遠消失在天際，與此同時，你的熱氣球開始緩緩升空。

8. 掌控熱氣球，飛向你想去的高度或方向。這完全由你決定。你可以讓它一路升到外太空，也可以讓它飄過海洋和山脈，選擇權掌握在你手中。用大約五分鐘的時間，視覺化你的熱氣球旅程。

9. 當你覺得準備好時，慢慢讓熱氣球降落，可以是在海灘上，或回到你最初出發的那片田野，任何你喜歡的地方都可以。走出熱氣球，將你的心神重新聚焦在你的身體上。從十二開始倒數你的呼吸次數。

10. 正常呼吸片刻，然後進行四次深呼吸，開始輕輕地活動你的手指，然後是腳趾。慢慢睜開雙眼，並在你的日記中記下你在第四個沙袋中釋放的負擔是什麼。

我們不會將這個具體的影像放在你的行動板上，但你可以找到一張代表你擺脫那個負擔的圖片，或者乾脆選擇一張熱氣球的照片，就像我這幾年來一直做的那樣。對我來說，熱氣球代表著擺脫負擔、舊有但無益的行為模式，以及遠離負面的人。盡可能經常回到這個視覺化練習，特別是當你感覺到沙袋上寫著的那些文字形容再次壓得你喘不過氣時。這項練習將幫助你加速視覺化的力量，利用行動板上的圖像來賦予自己力量，使你積極改變，不再被過去束縛。這正是專注的注意力與行動結合之處，正是在這個關鍵時刻，步驟4開始發揮作用。

▍專注的注意力檢查清單

你應該完成的步驟：

- 進行身體掃描冥想，並持續練習一星期，觀察你的身心變化。
- 試用各種正念APP，找到適合自己的，並開始定期練習。
- 完成「享受感官的練習」和「通往豐盛生活的練習」。
- 完成「認同強大的象徵性人物」和「熱氣球」視覺化練習。

15

步驟 4 刻意練習

活出潛能之源

命運不是注定的,而是我們自己創造的。
　　　　——電影《魔鬼終結者》第二集台詞

　　從神經科學的角度來看,我們大腦中的神經通路是互相連接且具有多元性。我們的神經通路並非是簡單的線性關係,這樣的思維方式會限制我們對大腦運作的理解。神經通路受到各種深層行為模式的影響,包括條件、環境影響、傳播效應和多種其他因素的影響。我的四步驟過程提供實現全面的改變。每一步驟皆相輔相成,當你完全遵循每個步驟時,你的思維和行為方式將會改變。

　　步驟 1 會讓你覺察到那些不自覺的行為模式,你將會發現許多潛意識中的自動駕駛行為,並且能夠處理它們。步驟 2

和步驟 3 會幫助你設計你想要的未來,並支持你開始以專注的方式調整你的注意力。在步驟 4,你會將之前的能力和意識結合起來,運用這些能量來推動生活中的改變。步驟 4 專注於刻意練習,幫助你將思考和洞察轉化為行動,達成你渴望的未來。定期進行視覺化練習會幫助並維持這個過程。

| 個案分析與應用 |

經由刻意練習來轉變個性

經由艾力克斯的人資主管推薦,我開始與他合作。儘管他在事業上相當成功,但許多員工卻難以跟他共事。他缺乏人際交往技巧和同理心,且對員工要求非常高,過於掌控細節(微管理),這些問題長期累積,最終導致嚴重的問題,甚至財務長和技術長都威脅要離開公司。當我開始與艾力克斯合作時,他對於改變自己的領導風格心存懷疑。

「我一直都是這樣,我覺得我無法改變。如果人們不喜歡與我合作,那不是我的問題。我做得很好。身為執行長,我需要掌控一切,必須在最壞的情況發生之前擔心每個人。我是傳達壞消息的人,所以人們不喜歡我是正常的。為什麼我應該在意這種事?」

我解釋了偉大領導者往往具備一些較不被重視的技能，例如靈活思維和情緒智商。我也解釋同理心和對他人感受的敏感度是可以訓練的能力，需要一些努力來改善。我們也談到他使用負面表達方式和控制傾向。我挑戰了他認為優秀領導者必須與嚴格控制和不斷強調負面情緒的觀點。

艾力克斯開始注重情緒管理，努力給予團隊更多正面回饋和鼓勵，不再過度干涉每個細節。他一向很努力維持與生命中所有人的關係，包括他的孩子（八歲和十歲的男孩）、妻子、秘書和團隊。他與客戶的關係也很好，所以我知道他是可以做到的。他像對待自己事業一樣全力以赴。以前他覺得對秘書的某些諷刺言語很有趣，但現在他意識到這些話可能會造成傷害。以前他會把跟孩子的相處視為一種責任，現在他意識到這些時光帶來的情感回報，更願意投入親子關係，並且開始感受到孩子們也更願意打開心扉，與他建立更深的情感連結。有時孩子需要幫助時，甚至會先打電話給他，而不是媽媽，這是他們以前絕對不會做的事情。

艾力克斯開始分享他對公司未來的願景，並慶祝團隊成員的成功。他確保高階管理人員知道他信任他們能

> 夠做好工作,他也選擇退後一步。當新成員加入團隊,並且對他沒有任何先入為主的看法時,他們發現他很溫暖,甚至很有趣。這個現象激勵了團隊其他成員改變對艾力克斯的看法。他在人際關係上獲得良好成果,並且修復了過去產生問題的工作關係。

艾力克斯的故事告訴我們,你必須準備好積極打破自己的固有模式,堅持不懈地進行改變,清除任何阻礙改變的障礙,並將潛能之源的豐富能量引導至改變遊戲規則的思想和行動中。如果你真的想改變自己的一些根本特質,有決心且願意付出,這是完全可能的。

一旦你走上豐富的道路,該如何持續維持在正確軌道上呢?首先,你需要確定那些你認為真的需要改變的事情,也就是找出自己想要改變的領域。這不只是建立新目標,而是要從根本上改變長期以來的習慣和模式。設定新目標和改變舊模式同等重要,而且相互影響。當你回顧自己在日記中記錄的自我懷疑和前進的障礙時,你可能已經注意到其中的一些問題。它們可能是你一直未能達成的目標,例如更健康、找到新工作或結婚。

1. 在你的日記中，劃出一個三列三行的表格。在第一列，列出你的每一個目標。在第二列，誠實地記錄任何正在破壞你目標的行為。在最後一列，記錄促使這些不利行為背後的根本原因。你內心深處的想法，讓你不願改變或不採取行動？可能是覺得自己無法控制某種情況的悲觀情緒，或覺得現在沒有足夠的精力來進行積極的改變，或者可能是一個更根深柢固的觀念，覺得自己不配擁有想要的未來。

2. 填寫完這些欄位後，分析自己記錄的資料，從中發現深層次的行為模式。這是由你的基因遺傳、成長過程，以及你所做的選擇組合而成的，無論是現實世界中的實際選擇，或是你如何管理自己對這些選擇的情感與行為反應，這些共同塑造了潛能之源。

3. 最後一欄列出豐盛思維的敵人，也就是那些阻礙你達成目標、引起破壞行為的想法或情緒。你可以做些什麼來改變？你是否可以設計正向的肯定語句，將自我破壞的觀念轉化為積極的信念；或改變你的行為，為滋養精力的活動空出更多時間，而不是消耗能量？具體列出在本週可以完成的具體行動。

打造你的肯定語句

你可以從你在「通往豐盛生活的練習」（第 14 章）來選擇，這些語句應該是之前曾激勵過你，或是別人讚美過你的話，或是你現在認為有共鳴的座右銘。以下是我自己使用過的一些句子：

- 我現在，此時此刻，沒問題。引自艾克哈特大師的《當下的力量》（*The Power of Now*）。
- 無論目前所屬的狀況是好是壞，一切都有其原因，去接受並理解當下。引自占星作家林恩・博貝克（Lyn Birkbeck）。
- 這也會過去的。可能引自蘇菲派詩人，但英國詩人費茲傑羅（Edward Fitzgerald）和林肯總統在其就職演說中都使用過。
- 這不是真的。引自電影《分歧者》（Divergent）中女主角特麗絲克服恐懼的場景。
- 現在沒有人可以傷害我。引自一位朋友，她是傑出的女科學家兼企業家。
- 某些事情可能讓人困惑不解，但最終會顯得有意義；有時，是很久以後。引自我自己。

如你所見，你可以從書籍、電影、與朋友的對話，甚至你在個人成長過程中的領悟中來設計這些短語或名言，幫助

你將原本潛意識的學習轉化為覺察的狀態，讓你的大腦能夠意識到並實踐這些學習。將你在練習中獲得的新想法，轉化為座右銘，並時常提醒自己，可以幫助你發揮潛能之源。

1. 在日記中寫下你的口號，將其輸入到手機中，這樣你可以在白天隨時查看，或寫在便利貼上，貼在床邊、浴室或廚房：總之是你經常能看到的地方。
2. 每天有意識地重複這些肯定句好幾次。視覺化，並相信這些肯定句所述的內容是真實的。

推動自己的界限

按部就班進行這些步驟，會帶來漸進且顯著的思維和行為轉變，但我們也可以採取一些小步驟來促進大腦的神經可塑性，確保自己脫離自動駕駛的狀態，在生活的各個領域中擁抱變化。

害怕失敗會使我們停滯不前，克服恐懼的強大方法就是多方面嘗試，推動自己的邊界，逐漸讓自己離開舒適圈，擺脫自動駕駛狀態，這樣你就能習慣承擔適度且健康的風險。許多偉大的發現是透過實驗和失敗而來的，之前我們提過這類例子。這如果你想培養你的實驗精神，可以從小規模的嘗

試開始,逐步增加挑戰,逐漸增強自己的勇氣和適應力。

新的經歷能夠增加神經可塑性,尤其是與朋友或伴侶共享時,會提升你的情緒,帶來愉快的心情。

你可以嘗試一項新運動,帶狗散步時選擇一個不同的公園,換一個你平常不聽的電台,或者挑一本你平時不會讀的書。創造力和整合性思維來自於大腦中不同區域的連結:你的經驗愈多元,視野愈寬廣,潛能之源就愈豐富。

或許,今晚就試做一道你從未嘗試過的食譜。如果你一向只做固定的菜式,那就學《鐵人料理》一樣,用冰箱裡和櫥櫃裡的食材來即興烹飪。如果你有勇氣,可以邀請其他人過來一起品嚐這次實驗的成果。

每一個你願意接受的改變,無論是大或小,都能幫助你接受和適應變化,這股內在力量會逐漸建立「改變是有益的」的觀念。這樣的過程也會讓你逐漸擺脫對穩定的過度依賴,擁抱更多可能性和未來的成長。

如何活出有意義的人生?

像曼德拉、甘地、德蕾莎修女或艾美琳‧潘克赫斯特這樣的人,並不是因為有沒有孩子、幫助鄰居買菜,或支持家人朋友才被記住,而是因為他們對人類歷史留下的深遠影

響。同樣地，影響我們身邊的人，使其成為更好的人，也會讓世界變得更好。我們藉由影響孩子、家人，以及社交圈或職場群體來實現這一點。思考日常生活的行為和決策，思考如何能發揮更顯著的正面影響。

1. 想像自己年老的時候，接近生命的尾聲。花時間完全沉浸在這個視覺化過程中，想像自己當時的感受、穿著，以及自己坐著或站著的地方。
2. 現在，問問自己感覺如何。你為自己達成的成就感到驕傲嗎？你生活中最有意義的時刻是什麼？在你身邊，誰對你來說真正重要？
3. 將答案寫下來，並思考它們如何反映你當前的生活方式和理想未來。在行動板上加入與你的熱情和目標相關的圖像，來激勵自己，並思考如何將想法轉變為現實。

視覺化潛能之源的練習

這是一個額外的冥想練習，可以搭配之前的視覺化練習，根據自己的需求隨時回顧並練習它。它是一種強而有力的方法，幫助你想像自己處於潛能之源最強大的狀態。

1. 從身體掃描開始，然後深呼吸五次。現在恢復正常呼

吸，在心中數著你的呼吸，從一數到十二。吸氣時數一，呼氣時數二，依此類推。隨著每一次呼吸，想像你的雙腳正在沿著石階向下走。想像自己站在山壁上一扇略顯原始天然的門前。推開門，走進去。隨著眼睛適應昏暗的燈光，你發現自己站在巨大的洞穴內，裡面有五面全身鏡。注意牆壁的顏色，室內是否有窗戶，以及這些鏡子的形狀，可能是長方形、橢圓形或其他形狀。

2. 走向第一面鏡子。在這面鏡子裡，你穿著自己最喜愛的運動服。你的姿態與站姿、肌膚的光澤，以及肌肉的線條，都顯示出你沒有緊張或壓力，正處於體能巔峰狀態。仔細觀察鏡中的自己，將這種力量、耐力與內在平靜的形象深深記在心中。

3. 走向第二面鏡子。在這面鏡子裡，你只穿著內衣。平坦的小腹、發亮的雙眼、光澤的秀髮與飽滿的肌膚，都顯示出你擁有健康的身體，因為你細心呵護自己，攝取足夠的營養與水分。在心中拍下一張照片，記住自己處於最佳健康狀態時的模樣與感受。

4. 走向第三面鏡子。在這面鏡子裡，你穿著最適合你的工作服，可能是一套剪裁俐落的商務西裝與鞋履、醫療手術服、時尚的正式休閒裝，或任何符合你職業形象的服

裝。你的站姿從容自信，鏡子背景的場景顯示出你已經達到了事業巔峰，擁有你所嚮往的舒適與穩定。你身體的每個細胞都散發著自信。仔細觀察這個鏡中自我，記住這種感覺，讓它深植於你的意識中。

5. 走向第四面鏡子。在這面鏡子裡，你是快樂而放鬆的，身邊圍繞著你愛的人，以及愛你的人。你身處最喜歡的社交場合，穿著輕鬆舒適的服裝。你聽見笑聲，臉上洋溢著喜悅，四周充滿濃厚的愛與溫暖。感受這份幸福，並牢牢記住這種美好的感覺。

6. 走向第五面鏡子。在這面鏡子中，你健康、自信、成功、幸福，並且被愛所包圍，結合了前四面鏡子展現的所有美好特質。但這不只是一面鏡子，它其實是一道傳送門。跨越這道門，走進你的新人生：健康、快樂、自信、充滿愛的生活。沉浸在這種感受中，享受這一刻，你想待多久都可以。

7. 當你從傳送門走出來時，你發現自己背對著石門站著。你知道，你的生活已經發生了某種改變，永遠不會再一樣了。這種改變，是好的改變。

8. 倒數計算你的呼吸，從十二開始，隨著每一次呼吸，想像你的雙腳正在爬上石階。恢復正常呼吸片刻，然後深

呼吸五次，開始輕微地活動你的手指，接著是腳趾。慢慢地睜開眼睛。在日記中記下這次練習中令你印象深刻的任何感受，並剪貼或記錄任何能夠象徵這些感受的圖片，將它們加入你的行動板。

這就是最後階段的結束，隨著我們刻意練習，無論是小變化或大轉變，都是邁向新生活的一部分。自你開始潛能之源的練習以來，時間雖然短暫，請確保你花些時間來回顧自己至今產生的改變，檢視你過去或現在的行為所帶來的覺察與體悟。翻閱日記，回顧你現在對自己人生道路和動力所得到的觀察，並且檢視目前的計劃和步驟，以幫助自己朝向未來邁進。

▌刻意練習的檢查清單

你將擁有：

- 辨識出豐盛心態的敵人，並設計三個行動計畫來戰勝它們。
- 打造肯定語句，讓它在你的旅程中激勵與鼓舞你。
- 開始定期嘗試新事物，以拓展你的舒適圈。
- 思考你如何活出有意義的人生
- 進行視覺化潛能之源的練習，想像你處於最佳狀態。

結語

維持潛能之源的運作

　　我協助過不計其數的人,他們在數週、數月,甚至數年之後聯絡我,告訴我自己依循這四步驟建立的行動板,已經在現實世界中實現。他們會寄來結婚照、寶寶的照片、新產品發表會、升遷通知、新居落成,這些成功與幸福的各種表現無不證明潛能之源已經全面運作,並達到理想的狀態:大腦、身體和靈魂三者之間的協調運作,並且蓬勃發展、充滿活力。

　　請繼續進行視覺化,並且讓這些目標成為現實。當時間過去,行動板上的目標會變成現實,隨著每年的實現,這股力量會逐漸累積,讓你能吸引並實現愈來愈多的成就。

　　請擁抱且為自己的成長與轉變感到驕傲。人們常對我說:「你改變了我的人生。」我會回應:「謝謝你,但這是你自己做到的。」你的覺察、行動與信念將引發改變。試想五年、十年、二十年後的你,當你持續將夢想變為現實,並延續這

幾週以來的成長時，你的生活會是什麼模樣？享受這個過程，並相信它。

當你完整地實踐這四個步驟後，請閱讀以下這一段文字。深吸一口氣，再緩緩吐出，伴隨著一聲嘆息。感受肌肉的緊繃感逐漸釋放。

你做到了！你已經蛻變為全新的自己。此刻的人生軌跡，與你拿起這本書時已經完全不同。你現在明白，你擁有吸引自己渴望事物的能力。這個世界仍有無限可能等待著你去探索。你的大腦擁有驚人的可塑性、豐盛性與靈活性，幫助你掌握機會，創造並吸引無數正向的體驗。你知道自己值得擁有這樣的豐盛，也毫不遲疑把握且積極應對未來的挑戰和冒險。或許你曾經受限於固有的模式與信念，然而，隨著成長和自我覺醒，你已經突破了這些局限，擁有嶄新的思維自由，以自然、真實的方式實現了自我成長。大腦、身體與靈魂的整合讓你更加和諧一致。

你就是潛能之源，你就是自己人生的創造者。

此刻，沒有任何事物能阻擋你向前了。

謝辭

我要感謝 Zoe McDonald 的耐心、理解和才華,幫助我實現這個故事。

Penguin Random House UK 的團隊非常出色,我要感謝 Joel Rickett、Leah Feltham、Kate Latham、Caroline Butler、Sarah Bennie、Lucy Brown、Rae Shirvington、Bethany Wood、Alice Latham、Mairead Loftus、Serena Nazareth、Ebury 銷售團隊、Helen Crawford-White、Nicky Gyopari 和 Julia Kellaway,幫助我讓這本書達到了最理想的狀態。

在撰寫本書的過程中,我的團隊 Tara Swart Inc. 一直全力支持我,甚至超越了我的期待。感謝 Tracie Davis、Louise Malmstrom、Gillian Jay 和 Sara Devine。

正是因為我在倫敦 Corinthia Hotel 擔任常駐神經科學家的經歷,而讓我與 Joel 結識,我要感謝在那裡與我共事的每個人,特別是 Fiona Harris、Rica Rellon 和 Thomas Kochs。

謝謝 Jules Chappell、Jen Stebbing、Flora Blackett-Ord 和 Johanna Pemberton，他們的支持以及酒店常駐計畫的構想，促成了這本書的誕生。同時，也要感謝 Matthew Wright，他不僅將我介紹給 Jules，還持續關心支持我和工作。

感謝我的所有客戶、同事與過去的病患，他們豐富的經歷使這本書更加充實。

最後，感謝我的朋友與家人，在我寫作這本書的過程中始終包容與支持我。

作者的話

非常感謝你閱讀這本書！我希望你已經開始將人生導向一條全新且令人興奮的軌道。你未來的發展，將會奠基於你在生活各個層面中持續培養覺察、行動與思維。這本書中的步驟對我來說帶來了巨大的轉變！

我很喜歡聽到讀者分享心得。許多人發現，他們行動板上的圖像真的在生活中變成了現實，帶來了難以置信的改變與成就。如果你也成為了這個充滿力量的「潛能之源社群」一員，我非常希望能夠聽到你的故事。請透過 X 或 Instagram 與我保持聯繫，分享你的經驗！

X: @taraswart

Instagram: drtaraswart

注釋

前言

① Harari, Y.N., 2015. *Sapiens: A brief history of humankind*. Vintage.

第1章

① Kahneman, D. and Tversky, A., 1984. Choices, values, and frames. *American Psychologist, 39*(4), pp.341–50.

② Simons, D.J. and Levin, D.T., 1998. Failure to detect changes to people during a real-world interaction. *Psychonomic Bulletin & Review, 5*(4), pp.644–9.

③ Ronaldson, A., Molloy, G.J., Wikman, A., Poole, L., Kaski, J.C. and Steptoe, A., 2015. Optimism and recovery after acute coronary syndrome: a clinical cohort study. *Psychosomatic Medicine, 77*(3), p.311.

④ Park, N., Park, M. and Peterson, C., 2010. When is the search for meaning related to life satisfaction? *Applied Psychology: Health and Well-Being*, 2(1), pp.1–13; Cotton Bronk, K., Hill, P.L., Lapsley, D.K., Talib, T.L. and Finch, H., 2009. Purpose, hope, and life satisfaction in three age groups. *The Journal of Positive Psychology, 4*(6), pp.500–10.

⑤ McDermott, R., Fowler, J.H. and Christakis, N.A., 2013. Breaking up is hard to do, unless everyone else is doing it too: Social network effects on divorce in a longitudinal sample. *Social Forces, 92*(2), pp.491–519.

⑥ Christakis, N.A. and Fowler, J.H., 2007. The spread of obesity in a large social network over 32 years. *New England Journal of Medicine, 357*(4), pp.370–9.

⑦ Sterley, T.L., Baimoukhametova, D., Füzesi, T., Zurek, A.A., Daviu, N., Rasiah, N.P., Rosenegger, D. and Bains, J.S., 2018. Social transmission and buffering of synaptic changes after stress. *Nature Neuroscience, 21*(3), pp.393–403.

第 2 章

① Clark, B.C., Mahato, N.K., Nakazawa, M., Law, T.D. and Thomas, J.S., 2014. The power of the mind: the cortex as a critical determinant of muscle strength/weakness. *Journal of Neurophysiology*, 112(12), pp.3219–26; Reiser, M., Büsch, D. and Munzert, J., 2011. Strength gains by motor imagery with different ratios of physical to mental practice. *Frontiers in Psychology*, 2, p.194.

② Ranganathan, V.K., Siemionow, V., Liu, J.Z., Sahgal, V. and Yue, G.H., 2004. From mental power to muscle power – gaining strength by using the mind. *Neuropsychologia, 42*(7), pp.944–56.

第 3 章

① Gholipour, B., 2014. Babies' amazing brain growth revealed in new map. *Live Science*. www.livescience.com/47298-babiesamazing-brain-growth.html [accessed 24 September 2018].

② Live Science Staff, 2010. Baby brain growth reflects human evolution. *Live Science*. www.livescience.com/8394-baby-brain-growth-reflects-human-evolution.html [accessed 24 September 2018].

③ Hirshkowitz, M., Whiton, K., Albert, S.M., Alessi, C., Bruni, O., DonCarlos, L., Hazen, N., Herman, J., Katz, E.S., Kheirandish-Gozal, L. and Neubauer, D.N., 2015. National Sleep Foundation's sleep time duration recommendations: methodology and results summary. *Sleep Health, 1*(1), pp.40–3.

④ Thomas, R., 1999. Britons retarded by 39 winks. *The Guardian*. www.theguardian.com/uk/1999/mar/21/richardthomas.theobserver1 [accessed 7 October 2018].

⑤ Lee, H., Xie, L., Yu, M., Kang, H., Feng, T., Deane, R., Logan, J., Nedergaard, M. and Benveniste, H., 2015. The effect of body posture on brain glymphatic transport, *Journal of Neuroscience, 35*(31), pp.11034–11044.

⑥ Black, D.S., O'Reilly, G.A., Olmstead, R., Breen, E.C. and Irwin, M.R., 2015. Mindfulness meditation and improvement in sleep quality and daytime impairment among older adults with sleep disturbances: a randomized clinical trial. *JAMA Internal Medicine, 175*(4), pp.494–501.

⑦ Danziger, S., Levav, J. and Avnaim-Pesso, L., 2011. Extraneous factors in judicial decisions. *Proceedings of the National Academy of Sciences, 108*(17), pp.6889–92.

⑧ Watson, P., Whale, A., Mears, S.A., Reyner, L.A. and Maughan, R.J., 2015. Mild hypohydration increases the frequency of driver errors during a prolonged, monotonous driving task. *Physiology & Behavior, 147*, pp.313–18.

⑨ Edmonds, C.J., Crombie, R. and Gardner, M.R., 2013. Subjective thirst moderates changes in speed of responding associated with water consumption. *Frontiers in Human Neuroscience, 7*, p.363.

⑩ Begley, S., 2007. *Train Your Mind, Change Your Brain: How a new science reveals our extraordinary potential to transform ourselves.* Ballantine Books, p.66.

⑪ Alzheimer's Society, n.d. Physical exercise and dementia. www. alzheimers. org.uk/about-dementia/risk-factors-and-prevention/physical-exercise [accessed 7 October 2018].

⑫ Voss, M.W., Nagamatsu, L.S., Liu-Ambrose, T. and Kramer, A.F., 2011. Exercise, brain, and cognition across the life span. *Journal of Applied Physiology, 111*(5), pp.1505–13.

⑬ Hwang, J., Brothers, R.M., Castelli, D.M., Glowacki, E.M., Chen, Y.T., Salinas, M.M., Kim, J., Jung, Y. and Calvert, H.G., 2016. Acute high-intensity exercise-induced cognitive enhancement and brain-derived neurotrophic factor in young, healthy adults. *Neuroscience Letters, 630*, pp.247–53.

⑭ Firth, J., Stubbs, B., Vancampfort, D., Schuch, F., Lagopoulos, J., Rosenbaum, S. and Ward, P.B., 2018. Effect of aerobic exercise on hippocampal volume in humans: a systematic review and metaanalysis. *Neuroimage, 166*, pp.230–8.

⑮ Rippon, A., 2016. What I've learned about the science of staying young. *Telegraph.* www.telegraph.co.uk/health-fitness/body/angela-rippon-what-ive-learned-about-the-science-of-stayingyoung [accessed 2 October 2018].

⑯ Abbott, J. and Stedman, J., 2005. Primary nitrogen dioxide emissions from road traffic: analysis of monitoring data. *AEA Technology, National Environmental Technology Centre.* Report AEAT-1925.

第 4 章

① Langer, E.J., 2009. *Counterclockwise: Mindful health and the power of possibility.* Ballantine Books. [See also: Alexander, C.N. and Langer, E.J., 1990. *Higher Stages of Human Development: Perspectives on adult growth.* Oxford University Press.]

② Taub, E., Ellman, S.J. and Berman, A.J., 1966. Deafferentation in monkeys: effect on conditioned grasp response. *Science, 151*(3710), pp.593–4; Taub, E., Goldberg, I.A. and Taub, P., 1975. Deafferentation in monkeys: pointing at a target without visual feedback. *Experimental Neurology, 46*(1), pp.178–86; Taub, E., Williams, M., Barro, G. and Steiner, S.S., 1978. Comparison of the performance of deafferented and intact monkeys on continuous and fixed ratio schedules of reinforcement. *Experimental Neurology, 58*(1), pp.1–13.

③ Gaser, C. and Schlaug, G., 2003. Brain structures differ between musicians and non-musicians. *Journal of Neuroscience, 23*(27), pp.9240–5.

④ Begley, S., 2007. *Train Your Mind, Change Your Brain: How a new science reveals our extraordinary potential to transform ourselves.* Ballantine Books.

⑤ Woollett, K. and Maguire, E.A., 2011. Acquiring "the Knowledge" of London's layout drives structural brain changes. *Current Biology, 21*(24), pp.2109–14.

⑥ Sorrells, S.F., Paredes, M.F., Cebrian-Silla, A., Sandoval, K., Qi, D., Kelley, K.W., James, D., Mayer, S., Chang, J., Auguste, K.I. and Chang, E.F., 2018. Human hippocampal neurogenesis drops sharply in children to undetectable levels in adults. *Nature, 555*(7696), pp.377–81.

⑦ Boyd, L. 2015. TEDx Vancouver, Rogers Arena [TEDx Talk].

第 5 章

① Siegel, D.J., 2011. *Mindsight: Transform your brain with the new science of kindness.* One World Publications.

第 6 章

① Goleman, D., 1996. *Emotional Intelligence: Why it can matter more than IQ.* Bloomsbury.

② Killingsworth, M.A. and Gilbert, D.T., 2010. A wandering mind is an unhappy mind. *Science, 330*(6006), p.932.

③ McLean, K. 2012. The healing art of meditation. *Yale Scientific*. www.yalescientific.org/2012/05/the-healing-art-of-meditation [accessed 24 September 2018].

第7章

① Ainley, V., Tajadura-Jiménez, A., Fotopoulou, A. and Tsakiris, M., 2012. Looking into myself: Changes in interoceptive sensitivity during mirror self-observation. *Psychophysiology, 49*(11), pp.1672–6.

② Farb, N., Daubenmier, J., Price, C.J., Gard, T., Kerr, C., Dunn, B.D., Klein, A.C., Paulus, M.P. and Mehling, W.E., 2015. Interoception, contemplative practice, and health. *Frontiers in Psychology, 6*, p.763.

③ Lumley, M.A., Cohen, J.L., Borszcz, G.S., Cano, A., Radcliffe, A.M., Porter, L.S., Schubiner, H. and Keefe, F.J., 2011. Pain and emotion: a biopsychosocial review of recent research. *Journal of Clinical Psychology, 67*(9), pp.942–68.

④ Hanley, A.W., Mehling, W.E. and Garland, E.L., 2017. Holding the body in mind: Interoceptive awareness, dispositional mindfulness and psychological well-being. *Journal of Psychosomatic Research, 99*, pp.13–20.

第8章

① Mayer, E.A., 2011. Gut feelings: the emerging biology of gut–brain communication. *Nature Reviews Neuroscience, 12*(8), pp.453–66.

② Steenbergen, L., Sellaro, R., van Hemert, S., Bosch, J.A. and Colzato, L.S., 2015. A randomized controlled trial to test the effect of multispecies probiotics on cognitive reactivity to sad mood. *Brain, Behavior, and Immunity, 48*, pp.258–64.

③ Kau, A.L., Ahern, P.P., Griffin, N.W., Goodman, A.L. and Gordon, J.I., 2011. Human nutrition, the gut microbiome and the immune system. *Nature, 474*(7351), pp.327–36; Kelly, P., 2010. Nutrition, intestinal defence and the microbiome. *Proceedings of the Nutrition Society, 69*(2), pp.261–8; Shi, N., Li, N., Duan, X. and Niu, H., 2017. Interaction between the gut microbiome and mucosal immune system. *Military Medical Research, 4*(1), p.14; Thaiss, C.A., Zmora, N., Levy, M. and Elinav, E., 2016. The microbiome and innate immunity. *Nature, 535*(7610), pp.65–74; Wu, H.J. and Wu, E., 2012. The role of gut microbiota in immune homeostasis and autoimmunity. *Gut Microbes, 3*(1), pp.4–14.

④ Foster, J.A., Rinaman, L. and Cryan, J.F., 2017. Stress & the gutbrain axis: regulation by the microbiome. *Neurobiology of Stress, 7*, pp.124–136.

第 9 章

① Buettner, D., 2012. *The Blue Zones: 9 lessons for living longer from the people who've lived the longest.* National Geographic Books.

② Dokoupil, T., 2012. Is the internet making us crazy? What the new research says. *Newsweek.* www.newsweek.com/internet-makingus-crazy-what-new-research-says-65593 [accessed 3 October 2018]; Twenge, J.M., Joiner, T.E., Rogers, M.L. and Martin, G.N., 2018. Increases in depressive symptoms, suicide-related outcomes, and suicide rates among US adolescents after 2010 and links to increased new media screen time. *Clinical Psychological Science, 6*(1), pp.3–17; Thomée, S., Dellve, L., Härenstam, A. and Hagberg, M., 2010. Perceived connections between information and communication technology use and mental symptoms among young adults-a qualitative study. *BMC Public Health, 10*(1), p.66.

第 10 章

① Nielsen, J.A., Zielinski, B.A., Ferguson, M.A., Lainhart, J.E. and Anderson, J.S., 2013. An evaluation of the left-brain vs. right-brain hypothesis with resting state functional connectivity magnetic resonance imaging. *PloS One, 8*(8), p.e71275.

② Bechara, A., Damasio, H. and Damasio, A.R., 2000. Emotion, decision making and the orbitofrontal cortex. *Cerebral Cortex, 10*(3), pp.295–307.

③ Finkelstein, S., Whitehead, J. and Campbell, A., 2009. *Think Again: Why good leaders make bad decisions and how to keep it from happening to you.* Harvard Business Review Press.

第 11 章

① Beaty, R.E., Kenett, Y.N., Christensen, A.P., Rosenberg, M.D., Benedek, M., Chen, Q., Fink, A., Qiu, J., Kwapil, T.R., Kane, M.J. and Silvia, P.J., 2018. Robust prediction of individual creative ability from brain functional connectivity. *Proceedings of the National Academy of Sciences, 115*(5), pp.1087–92.

第 14 章

① Gotink, R.A., Meijboom, R., Vernooij, M.W., Smits, M. and Hunink, M.M., 2016. 8-week mindfulness-based stress reduction induces brain changes similar to traditional long-term meditation practice – a systematic review. *Brain and Cognition, 108*, pp.32–41.

② Johnson, D.C., Thom, N.J., Stanley, E.A., Haase, L., Simmons, A.N., Shih, P.A.B., Thompson, W.K., Potterat, E.G., Minor, T.R. and Paulus, M.P., 2014. Modifying resilience mechanisms in at-risk individuals: a controlled study of mindfulness training in Marines preparing for deployment. *American Journal of Psychiatry, 171*(8), pp.844–53.

③ Hurley, D., 2014. Breathing in vs. spacing out. *New York Times Magazine*. www.nytimes.com/2014/01/19/magazine/breathing-invs-spacing-out.html?_r=0 [accessed 3 October 2018]; Wei, M., 2016. *Harvard Now and Zen: How mindfulness can change your brain and improve your health*. Harvard Health Publications; Rooks, J.D., Morrison, A.B., Goolsarran, M., Rogers, S.L. and Jha, A.P., 2017. "We are talking about practice": the influence of mindfulness vs. relaxation training on athletes' attention and well-being over high-demand intervals. *Journal of Cognitive Enhancement, 1*(2), pp.141–53.

④ Basso, J.C., McHale, A., Ende, V., Oberlin, D.J. and Suzuki, W.A., 2019. Brief, daily meditation enhances attention, memory, mood, and emotional regulation in non-experienced meditators. *Behavioural Brain Research, 356*, pp.208–20.

⑤ Amihai, I. and Kozhevnikov, M., 2014. Arousal vs. relaxation: a comparison of the neurophysiological and cognitive correlates of Vajrayana and Theravada meditative practices. *PloS One, 9*(7), p.e102990.

國家圖書館出版品預行編目（CIP）資料

釋放全腦潛能的吸引力練習：麻省理工史隆管理學院課程，用腦科學原理訓練神經彈性，引導最大潛能，財富、成就、關係全面升級 / 塔拉・史瓦特（Tara Swart）著，郭騰傑譯. -- 第一版. -- 臺北市：天下雜誌, 2025.03
　面；　公分. --（天下財經；574）
譯自：The Source: open your mind, change your life.
ISBN　978-626-7468-80-7（平裝）
1. CST: 自我實現　　2.CST: 成功法
177.2　　　　　　　　　　　　　　　114001184

天下財經 574

釋放全腦潛能的吸引力練習
麻省理工史隆管理學院課程，用腦科學原理訓練神經彈性，引導最大潛能，財富、成就、關係全面升級
THE SOURCE: Open Your Mind, Change Your Life

作　　者／塔拉・史瓦特 Tara Swart
譯　　者／郭騰傑
封面設計／葉馥儀
內頁排版／林婕瀅
責任編輯／鍾旻錦

天下雜誌群創辦人／殷允芃
天下雜誌董事長／吳迎春
出版部總編輯／吳韻儀
出　版　者／天下雜誌股份有限公司
地　　址／台北市 104 南京東路二段 139 號 11 樓
讀者服務／（02）2662-0332　傳真／（02）2662-6048
天下雜誌 GROUP 網址／http://www.cw.com.tw
劃撥帳號／01895001 天下雜誌股份有限公司
法律顧問／台英國際商務法律事務所・羅明通律師
製版印刷／中原造像股份有限公司
總　經　銷／大和圖書有限公司　電話／（02）8990-2588
出版日期／2025 年 3 月 5 日第一版第一次印行
定　　價／430 元

THE SOURCE: OPEN YOUR MIND, CHANGE YOUR LIFE by TARA SWART
Copyright © Tara Swart, 2019
First published as THE SOURCE in 2019 by Vermilion, an imprint of Ebury Publishing. Ebury Publishing is part of the Penguin Random House group of companies.

This edition arranged with Ebury Publishing
through BIG APPLE AGENCY, INC. LABUAN, MALAYSIA.
Traditional Chinese edition copyright ©2025 COMMONWEALTH MAGAZINE CO.,LTD

書號：BCCF0574P
ISBN：978-626-7468-80-7（平裝）

直營門市書香花園　台北市建國北路二段 6 巷 11 號　（02）25061635
天下網路書店 shop.cwbook.com.tw
天下雜誌出版部落格──我讀網 books.cw.com.tw/
天下讀者俱樂部 Facebook www.facebook.com/cwbookclub

本書如有缺頁、破損、裝訂錯誤，請寄回本公司調換